刘江波 著

青春期
诊疗笔记

U0367092

化学工业出版社
· 北 京 ·

内 容 简 介

本书通过各具特色的案例，结合笔者自身经历加以点评与指导，对青春期少年的心理变化特点进行了细致分析，并对其心理问题进行了有效的疏导。这是一本不可不读的青春期指南，适合向广大家庭普及心理健康知识，也将帮助青少年认识自己、正视自己，树立正确的三观，成为积极乐观、开朗阳光的正向少年。

图书在版编目（CIP）数据

青春期诊疗笔记 / 刘江波著 . —北京：化学工业出版社，2020.11
ISBN 978-7-122-37760-9

Ⅰ.①青…　Ⅱ.①刘…　Ⅲ.①青春期 - 心理健康 - 健康教育
Ⅳ.① G444

中国版本图书馆 CIP 数据核字（2020）第 175971 号

责任编辑：罗　琨　　　　　　　文字编辑：刘　璐　陈小滔
责任校对：宋　夏　　　　　　　装帧设计：水玉银文化

出版发行：化学工业出版社（北京市东城区青年湖南街 13 号　邮政编码 100011）
印　　装：三河市双峰印刷装订有限公司
880mm×1230mm　1/32　印张 7½　字数 143 千字
2021 年 1 月北京第 1 版 第 1 次印刷

购书咨询：010-64518888　　　售后服务：010-64518899
网　　址：http://www.cip.com.cn
凡购买本书，如有缺损质量问题，本社销售中心负责调换。

定　　价：39.80 元

？

序

　　不知道有多少次，家长都会向我诉苦："我家孩子以前那么听话，怎么一到青春期就变成这样了呢！"其实，我想说的是，你应该庆幸孩子变成了"这样"！他们的身体在成长，心理在成熟，大脑在发育……他们要还像"以前那么听话"，那可就坏事了！如果他们能一辈子都"听话"，那可就连哭都来不及了。

　　我给家长举个例子，在作文班里，有的学生是从二年级跟我学到九年级的，整整八年。我见证着他们从儿童到青少年这个成长阶段。二三年级时他们下课会围前围后的，老师说什么是什么；四五年级时就敢淘气了，有时候会藏起我的戒尺，任我怎么找都不告诉我；六七年级时就会反驳老师了，会表达"我认为这个答案不全对"；到了八九年级，经常和我辩论是非曲直，有时候还直接给我提意见，"老师，你刚才这个观点不客观"……

我看着他们每一年的变化，感悟着成长的轨迹，我的心中常常充满着欢乐，就宛如看到亲手种植的小树年年都在拔节长高那样幸福。如果家长觉察到孩子长高了、不听话了、有主见了、会顶撞你了……先不要生气，因为他们没有问题，只是火车行驶到了青春期这段轨道上，注定弯路多一些。既然孩子没问题，那么出现矛盾时，我们要先考虑一下自身到底有没有问题。

　　很多时候，是家长不能适应孩子的青春期变化，他们总希望让孩子仍然延续着乖宝宝的路线前行，对突如其来的弯路有了下意识的排斥，因而家长总希望孩子去改变，变回像从前那样的"呆萌可爱"。如果有这种思想的家长，请你们记住，首先应该改变的恰恰是你自己！

　　当你把全部希望寄托在自己孩子身上时，你可能会失望，那么你应该改变自己，让自己活得精彩起来，让孩子感受到你的阳光热情，身教大于言传，孩子自然会温和而理性地面对生活。

　　当你总是把眼光放在"别人家的孩子"身上时，你可能会失望，那么你应该改变自己，你要发现自家孩子的优点，让孩子提升自信，相信他会变得积极而乐观。

　　这个世界上的很多失望，皆来自过高的希望。不要"押宝"似地过度盼望着孩子将来能跃过龙门，也不要"洗脑"似地期待着正面说教会有多好的效果，更不要"盲从"他人把孩子的业余时间安排得满满当当。这个世界上没那么多百艺皆通的"全才"，引导青春期少年趋于正向，使他们拥有一个平和的心态，这远比他们的学习成绩更加重要。

心中霁月光风，眼前蓝天白云。当家长和孩子都有个好心境的时候，艳阳天无处不在，那时候会发现，青春期，多么可爱！

引用美国作家陶乐斯诺特的一段话："一个孩子在充满批评挑剔的环境下成长，他学会了吹毛求疵谴责别人；一个孩子在充满敌意的环境下成长，他学会了争论反抗；一个孩子在充满恐惧的环境下成长，他学会了忧虑害怕；一个孩子在充满被怜悯的环境下成长，他学会了自哀自怨；一个孩子在充满嫉妒的环境下成长，他学会了贪得无厌；一个孩子在充满耻辱的环境下成长，他学会了自觉有罪；一个孩子在充满宽容的环境下成长，他学会了有耐心；一个孩子在充满鼓励的环境下成长，他学会了自信。"

愿您的孩子生活在阳光下，自信、有爱。

目
录

光头老师是
怎么炼成的

　　阳光恰在这时候漫过窗棂，教室里五十双眼睛盯在同一个焦点上，随着头发簌簌落下，灼热的脸庞渐渐冷却，我慢慢地抬起头来，与这些泛着星光、带着笑意的眼神坦然相对……

　　现在都习以为常了，学生们已经接受了一个光头在讲台上讲课。而在课间，他们会在我坐在黑板前专注阅卷的时候，偷偷地在黑板上画一个半圆，然后延伸出几道光线，有的还要描出几颗星星。他们配合默契，有画的，有拿出手机找角度的，结果，一颗反射着光芒并且"星辉灿烂"的光头，就这么应运而生了！

　　等我在他们的爆笑中发现真相后，我也只能无可奈何地吓唬说："你们要敢发朋友圈，我就和你们拼了！"这话往往一点力度都没有，无疑是在鼓励他们发。每到这个时候，我嘴上是嗔怪的，内心却是柔软的，因为我总会想起和五年级一班的学生打赌而剃光了头发的事……

接手五年级一班的社团课源于一个电话，没想到的是，这个电话改变了我四十多年的发型！那天，一个相熟的老师打电话来找我，他们班留了一篇家庭作业——作文《我的爷爷》，结果学生们半数用手机搜，又习惯了先入为主，首选就是网上的一篇作文——《那个"爷爷"》，这是关于一个老兵踩上地雷受重伤的故事。于是交上作文后，有十个以上同学的"爷爷"全踩上地雷被炸"飞"了。简直是太离谱了！这让他这个班主任啼笑皆非。因而他想到了我，想请我去讲一个学期的社团作文课。

就这样我走进了五年级一班，就这样结识了五十个学生。学校对手机的管理非常到位，学生们上课没有人私下摆弄手机，但只要下课铃一响，立刻三五成群地跑出去。我暗中观察，或在走廊隐蔽的拐角，或在操场上某个大树后面，或在教学楼背面不易被发现的地方……几颗小脑袋凑在一起，隔老远就能看到他们兴奋的肢体动作。有学生告诉我，有一款流行的游戏，大家全都能联机操作，特别让人着迷，班级里玩得级别最高的，叫王然。

班主任苦笑着说，学校也曾严禁带手机进校门，遇到违反规定的，老师自然要没收。没想到有一次学生竟然来抢被老师收走的手机，争夺之下差点摔了，事后才知道，那部手机看着不起眼，却是学生的爷爷给他买的新年礼物，据说价格超过一万五。这吓了大家一跳，要摔了还真是个麻烦！那个学生你留意一下，叫王然，男生，特别聪明，但太有个性了。后来有不少家长不同意禁止手机，尤其是老年家长来接孩子放学，没有手机怕联系不上，于是只能这样——限制他们上课时间碰，下课了就没法控制了！他最后感叹说："这倒好，同学间非常'和谐'，基本上没有打打闹闹的了。"

王然，我又一次听到了这个名字。从那天起，我开始思索，试图解决这个难题。很快，在我的社团课上，他们喜欢上了我的讲课风格，而且我会和他们写同题作文，对来自生活中的原创加以表扬，对网上"搬运"或照抄的作文不予评价。他们的作文当然不会超过一个专职写作的人，所以我长期霸占"排行榜"第一名。我故意狠夸自己的才华，勾起了他们的争强好胜心，王然虽然淘气，但组织能力不错，他们自发地组成了"作文学习小组"，大家群策群力，说什么也要把我拉下"榜首"位置。就这样，他们着眼于在生活中挖掘素材，那段时间着实出了几篇像样的作文，再加以点拨修改，终于有一天，榜首的名字换了人，这使他们集体振奋，整个走廊都能听到五年级一班的欢呼声。

但这些还是没达到我的目的，作为社团课的老师，我已经算是完成了教学目标，但作为被学生们喜爱并崇拜的老师，我还有一项重要的任务没有完成，让他们放下手机。我和班主任多次探讨，觉得凡事得从根本上寻找原因，硬性限制的结果往往适得其反。课间十分钟学生们为什么痴迷于手机，那是因为里面的游戏吸引了他们。除非我们有一种更好的方式，能"反吸引"，他们才会选择放下手机。

这听起来很难啊，但不妨一试！我是写故事出身的，要讲起故事来也是轻而易举，何况当时为了体验生活，去了不少书场听说书人的"起承转合"，我就利用"卖关子"的方法打破学生们的手机依赖吧！于是我调整了讲课的次序，在不影响他们写作的情况下，在上半节社团课临下课前，设置了一段故事课堂。将《三言二拍》和《聊斋》故事进行筛选改编，把精彩而并不涉及恐怖的几个章节讲给他们，很快他们就入了迷。下课时我接着讲，但我声明这不影响下半节作文课，所以你们可以自由活动。慢慢地，出去玩手机的同学在减少，留在教室里的同学在增多。我一看，有效果啊，那就继续，再讲就是我上一代的故事，然后到我的故事。他们最爱听我的故事，或者，他们并不曾想到，一个人到中年的老师，会给他们讲最真实的事，包括幼稚的、出丑的、搞笑的。

某一天，我意外地发现，从来不肯留在教室的王然居然坐下来听我讲故事。这可是他第一次没有在课间摆弄手机，也给我带来了一个惊喜。那天讲的是我和老师之间发生的事。王然突然举手提问，问我最喜欢的是什么样的老师。我心里一动，这个问题提得不错，也是个难得的机会。我很认真地回答他："我最在乎的是老师与学生是否平等。学生有优点，也有缺点；老师有优点，也有缺点。所以老师不必事事高高在上，需要向学生学习的地方，也应该虚心面对。"

同学们立刻七嘴八舌起来，说我的缺点就不少，比如脸太圆了，络腮胡子的痕迹太重了，有点像电视里尚未出家的鲁智深。等他们安静下来，我跟他们讲，我最喜欢的老师是位高中语文老师。当时我喜欢看杂书，有时候会偷偷带到语文课上看。老师就批评我，我不服，顶嘴说考试你想要多少分，我考给你！老师当时就气乐了，和我打了个赌，一百分的语文试题，我要能得九十分以上，她就允许我带杂书进课堂。

"后来呢？"小家伙们儿来了兴趣。"后来，我赢了！老师不但兑现了诺言，还把她收藏的书借给我，以后她的课堂上我再没有带过杂书。到现在，老师在南方养老，今年七十岁了，回来探亲的时候还要先告诉我呢！"

看同学们听得着了迷，我突然话锋一转："我与你们相处几个月以来，也许水平不是最高的，但我一直在给大家创造师生平等的机会，如果我和你们打赌，我也一定遵守公平原则。"啊！教室里的学生们兴奋起来，纷纷问我要赌什么？"要赌就赌最难办到的！"我有意无意地看着王然，"你们当中很多同学现在最难克制的就是玩手机游戏，我就赌你们在两个月期限内不碰手机游戏，包括课间和回家期间，赌注由你们来定！"班级里炸了锅，大家交头接耳，议论纷纷，几个游戏迷更是围到了王然的桌子前，秘密商议着。

王然站了起来："老师，我们如果做到了，那么我们说什么你都能兑现吗？"我站了起来，郑重其事地回答："请说出你的赌注！""我们要赢了，你得剃个光头，我们想看真正的'鲁智深'！"这下出其不意，再看教室里的学生，已经笑得七倒八歪的。王然这小子太坏了！我的脸都发热了！五十双眼睛都在盯着我，开弓没有回头箭，咬咬牙，赌了！而且我还要加码："王然你的语文进步挺快，这次期末如果能考95分以上，我当着你的面剃光头。"

王然也毫不犹豫："好，老师，我如果考不到，就扎着小辫上课！"接下来的时间里，我目睹了这些孩子们的自律和互相约束，课间没有人出去玩手机，多数留在教室里听我讲故事，有需要出去的也把手机放在课桌上以示清白。而在家的情况虽然我不知道，但班主任告诉我，学生们要求家长每天晚上都要把他们没玩手机的消息在微信群里发一下，而且很多家长也知道了我们在打赌，大家都很期待呢！

我开始茫然了，一方面盼望学生们真正能做到远离手机游戏，另一方面又为自己将可能剃个光头而难为情，但该来的还是会来的。7月11号，那个日子我永远记得——我给他们上最后一堂作文课。路上，班主任老师的微信已经发过来："刘老师，今天整整两个月了，学生们赢了，你也赢了！我已经和校领导打过招呼了，也为你找来给住宿生理发的师傅——王然的期末语文分数98。"

我唯一的要求，就是请求学生们不要笑。于是，他们憋着、忍着，有的把脸都涨红了。理发师傅边笑边动手。我低着头，脸像火炭一样烫，三千烦恼丝簌簌落下，想到了这么多学生们齐心协力地赢了这场打赌，他们幼小的心灵忍受着强大的诱惑，或者他们更值得称赞！我为拥有这样的学生而骄傲！慢慢地，我敢于抬起头了，我与教室里的五十双眼睛相视而笑，我没有看到一双眼睛里含有嘲讽的意思，那是一百道清澈得宛如湖水的目光啊！

我对学生们说，今天作文课题目就是"光头老师是怎么炼成的"。当天晚上我回到家，摸着自己的光头无法入眠。微信里传来了王然的语音，他已经泣不成声："老师，我保证听你的话，你能再回来教我们吗？"那一刻我知道自己流泪了，回话说："我再和你打个赌，你们要能坚持半年不玩手机游戏，我就回去给你们上社团课。"

后来，班主任老师说："听说作文老师不来了，班里很多学生都哭了。大家让我传话给你，你如果一直留着光头，他们就保证不碰手机游戏！"末了，他又加了一句："学生们一致认为，你留光头比较帅，不像鲁智深，像唐僧。"哦，可爱的孩子们，我也是这样认为的！我照照镜子，深以为然。

青春期，
我们允许迷惘

　　那个女孩故意拖在最后，迟迟不肯离开教室！看着她犹豫的眼神我笑了，这孩子是有话要和我说呀。想来时间可真快，当初来跟我学习写作时刚刚上五年级的小丫头，如今竟长成了一米六五的大高个儿，而且，再有几个月就是高中生了，她在作文班里的时间，要倒计时了！向来谨言慎行的她，今天有什么话要说呢？竟像是难言之隐！

　　这个女孩叫米欣，出生于知识分子家庭，妈妈当年就是个学霸，后来在工作岗位上也极其认真负责；爸爸更是颇有能力，靠着自己的努力把事业做得红红火火。在这样的家庭环境中长大的米欣相对传统，但个人能力较强，做事一板一眼，几乎很少犯错误，很有点完美主义者的倾向！

　　五年级时米欣跟我学习写作，一个月之后我征求了她家长的意见，把她升到了六年级班，她比同年级孩子的作文水平高了不止一筹。又过了两个月，我直接通知了家长，米欣可以升到初中班，小学作文她不必学了。这个孩子一直跟我学到初中毕业，即便在后来学习非常紧张的情况下，她退了多个补习班，但仍没放弃学习写作。几年来她在报刊上发表了几十篇文章，包括发表文章门槛较高的《新作文》。

更幸运的是，米欣的初中语文老师姓孙，是学校的名师。孙老师是位值得尊敬的女士，她是中学的高级教师，省作协会员，出版过个人散文集。也是因为写作孙老师和我成了朋友，但让我们关系更进一步的却是米欣，米欣既是她的得意门生，也是我的高徒。

米欣在中学里的语文成绩始终是拔尖的，家长说孩子遇到了两个省作协的老师，也真是太幸运了！我和孙老师为此沟通过，我们观点几乎一致，抛开成绩，米欣的人品才是难得的。有爱心、懂事、不自私、能够理解和尊重他人，遇事时态度不卑不亢，可以冷静处理一些突发事件。当然，对她的缺点我们也有共知——精神洁癖，也许是小时候的完美主义在延续吧！"老师……"，她在同学们都走了之后来到我身前，欲言又止。

我说："肯定遇到事了，就剩咱们师生了，说吧。"米欣说了，倒让我措手不及。她的同桌给她写了几封情书，每次她看都不看就递还回去。可就在上个星期四午睡时，她朦胧中感觉同桌有动手动脚的行为，惊醒后同桌满脸慌张，也让她羞愤不已。这事我有点懵，虽然跟着我学习五年了，师生间有感情，但这事有点"大"，似乎超越了我该参与的范围。我试探着问，为什么没告诉家长？

米欣说，她了解家长，一听这事立刻得"炸"，肯定得找到学校，或是调座位或是转班级，一旦让同学知道了，添油加醋传得沸沸扬扬的，她怎么面对啊！这丫头，从小做事就缜密，眼下长大了，果然考虑得更周到了。我一边暗暗赞叹一边又说："那也不能没有回应啊，至少得告诉班主任吧，让他警告一下也好，否则谁能保证那男生不会有进一步的举动！"

米欣迟疑了一下："班主任也不好说，是个男老师！"我差点激动了，哦，那我也是男老师啊，不能告诉他能告诉我，这孩子真的是太信任我了！我得对得起这份信任！我让她回去安心上课，马上中考了，这时候不能为杂事分心。至于午睡，这几天先找个女同学做伴，谅他也不敢明目张胆！其他事我去沟通——别忘了，我们还有一个人可以信任，就是孙老师！

我约了孙老师见面。刚把事情一说，她就瞪起眼睛说："这事她能告诉你？我是个女老师都没告诉我！这太让我嫉妒了！"当然，她是和我开玩笑，接下来，她很理性地分析，不能听信任何人的一面之词，她必须得去调查监控录像。我给了她一点压力："这事你可得处理好，米欣的模拟考试在年级名列前茅，为这事影响了中考，不光是个人的损失！也是学校的！"孙老师点头称是，末了又加一句："还是不敢相信，她同桌的成绩比米欣还要靠前，怎么可能……"我着实吃了一惊，我相信米欣的判断，对这种事她绝不会无中生有或者夸大事实，但是一个年级的学霸做出这种事，实在是出乎意料！

　　一天后，孙老师给我留言，监控录像她看过了，情况属实，问我打算怎么办？保护米欣是肯定的，但那个男生呢？至少得找家长来，把事情说清楚吧？我说："先别通知家长，再想想办法，把两个学生都保护一下吧。"我们都是从青春期过来的，这个阶段常常是迷惘的。男孩子不断发育，对异性产生了好感和好奇都是正常心理，对异性感兴趣并且希望对方关注自己，也是在情理之中。如果一些家长不能适时适当地对孩子进行青春期两性教育，极有可能让孩子的心理变得异常。在中考这个节骨眼上，为这种行为找家长，一旦家长处理得不够好，对男孩子可能是毁灭性打击。尤其是这种事，在校园中容易被渲染扩大，那时候受伤害的就是双方了，而且这种关乎名声的事很有可能会造成终生伤害。

　　我们应该允许青春期少年有迷惘的时候。那个男孩子有错，给他个机会，让他不要因此堕落而演变成大错，这也算是两全其美！听了我的观点，孙老师松了一口气，说我那天找到她的时候"气势汹汹"，好像为自己的亲闺女来兴师问罪来了，她还以为我非得要求严肃处理呢！既然我这么理性和包容，她也不会比我逊色。第一步，她已经在班级里提醒了学生们，中考在即，校领导每天中午都守在监控室，看看大家是否抓紧时间来冲刺，希望大家都要注意言行，不要嬉笑打闹影响别人；第二步，她将择时给所有女孩子上一节"自我保护课"。她们已经长大了，而且以后会越长越漂亮，未来可能会有同样的问题，她要通过这节课教会女孩怎么保护自己。

　　我由衷地赞赏孙老师，我只想到的是保护米欣，而孙老师想到的是保护更多的女孩，这格局显然要高于我！如果这些女孩因此而受益，善莫大焉！我说："你这堂课将比任何文化课都有意义！"一周以后，米欣再来上作文课时神色轻松，下课后她仍然留在最后，说了一句："老师，那事谢谢你。"我一脸茫然："什么事？我怎么不记得了！"她会意地笑了，准备离开时，我却喊住了她："老师忘了，可有些人忘不了，毕业时给他一句祝福，我相信你会做到！"她想了想："老师，这么做是为了什么？"我淡淡地说："没什么，凡事留一线！"三个月以后，孙老师发来喜报，米欣的语文成绩109分，全市第一名。

两只变形 的拇指

"第三行，往后传。""第四行，往后传……"

阅完的作文本都发下去了，照例要问一问，谁的本子没有发到手。

最后一排，一个女生怯怯地举起了手。

丽雅？我记得清清楚楚，刚才叫了她的名字，让同学依次传到第四行的，怎么会没有？

我让大家找找，是不是谁拿错了，可是没有人回应。这可奇怪了，难道还不翼而飞了？

这时候，有个女生眼尖，指着第二排和第三排中间的地面，说作文本在地上。

附近的同学没有一个人弯腰去捡。我提醒了一句，大家还是无动于衷。这下我生气了，怎么能这样呢？我走过去，准备先把本子捡起来，然后再批评他们几句。

有个男生小声说："老师，你最好也别捡！她……她那本子上全是口水！"

班级里已经有了笑声，我把本子拾起来递给丽雅，她的脸已经涨得通红，犹犹豫豫地伸出手来接本子，那一刻我看到了她的手，心里也是"咯噔"一下——也难怪同学们这么对她！这双手确实有些"恐怖"，特别是那两只大拇指，关节上下颜色截然不同，下半节和手背颜色相同，上半节却呈异常的浅色，而且关节明显粗大了一圈，形成了两块凸起的茧子，显得格外刺眼。

我有些意外，丽雅来作文班学习一年多了，成绩一直中等，性格多少有点乖张，喜欢在课间参与男同学的沙包游戏，输了会耍赖，经常惹得一起玩耍的小伙伴不愉快。这在我看来，算是小孩子的天性，不算大过。应该是在半年前，我偶尔发现她新添了边写字边咬手的毛病，提醒了几次，没见改正。和家长沟通了一下，家长说回家把她训了，再不改就打她！可我万万没有想到，这么短的时间里，她能把两根拇指咬成这样！

丽雅伸手的时候，她的同桌已经"哎呀"了一声，语气中带着嫌弃。丽雅的脸更红了，缩手不迭。女孩子毕竟五年级了，我也不好太直接管教，只能轻声提醒了一下："尽量克制点，这习惯实在不好！"

还没等丽雅答应，旁边有同学插话说："她去学琴，钢琴老师都不收她了！"

我用诧异的目光看了看多嘴的同学，还没等说话，下课铃响了，大家放学了，班里只剩下丽雅在小声啜泣。

等她平静下来，我了解了一下情况。丽雅的妈妈在街边烤玉米，是个辛苦活儿，经常忙到晚上十点钟，也挣不了几个钱。她把全部希望像押宝一样押在丽雅身上，最多的时候给她报了五个补习班，希望她什么也不比别人差。这不，今年又报了一对一钢琴班，丽雅咬手的习惯就是从那时候开始日益严重的。后来钢琴老师一看她的手指都变形了，干脆就把学费退给了她。为此，丽雅的妈妈经常责骂她，几次逼着她去给钢琴老师道歉，结果老师还是没有继续教的意思。

"那你愿不愿意学钢琴呢？"我问她。

她点了点头，又说其他各科补得太多了，她想学琴可是又太累了，想停两科不喜欢的妈妈又要骂她。

我鼓励她，要想学钢琴就得改掉这坏毛病，弹钢琴，就得有一双漂亮的手啊！至于其他事，我会想办法和家长沟通的。

因为我有晚上散步的习惯，"烧烤一条街"是必经之路，所以和丽雅妈妈早就认识，她比我小几岁，也算同龄人。那条街上烤玉米的有四五家，只有她家的生意最差。我习惯了观察身边事物，来来回回这么多次，早发现卖烤玉米的都是笑脸迎客，只有丽雅妈妈很少笑。

那天晚上我走得晚了些，到烤玉米摊子前时已经没什么顾客了，坐下来要了一个。丽雅妈妈一看是我，一边烤一边询问孩子的情况。我看她一脸沧桑，写满了生活的艰辛和疲惫，便随口把丽雅的事说了，也希望她能体谅一下孩子。她叹了口气，说家境也不富裕，自己半辈子都是劳碌命，最怕女儿也像自己一样劳累，所以不遗余力地培养她，不惜任何代价也要培养她成才，让她将来能有出息，就不用太吃苦了。

我很理解家长的心思，也承认这是对孩子的无私奉献，但我不觉得这样做有多么正确！家长总有一种思维，出发点是为了孩子好，所以孩子必须听我的，孩子要懂得家长所有的努力都是为了他们的未来，所以要对得起家长，最好的回报就是完全实现家长的愿望。可是，家长不能代替孩子成长啊，不能代替孩子生活啊！人生路长，无数挫折不是在当下，更是在前方，各科成绩再优秀，也不如一颗充满阳光的内心啊！

看她默默地听着，我又和她讲，昨天我已经咨询过医生了，丽雅这么不受控制地咬手指，是因为过于焦虑了。这么小的孩子就顶着这么大的压力，我们想想她以后会怎么样呢？

丽雅妈妈有些不安了，说："这不是日子太苦了，才想让她多学点，以后轻松点、快乐点！"

我和丽雅妈妈都是同龄人，四十多岁的人都在努力打拼，都在承受各种各样的辛劳，但我们起码小时候是快乐的，并没这么大的压力。而现在有些孩子从小学就这么辛苦，未来能有多轻松有多快乐呢？"美好的未来"有时候只是我们一厢情愿的想象，谁又能保证呢？作为四十多岁的成年人，可以说还年富力强，怎么能早早地把自己的人生价值给忽略掉了呢？我们应该努力让自己快乐起来，再用乐观的生活态度去影响下一代，而不能把一生的砝码全压在孩子身上，那孩子得多累啊！

最后，我建议她和丽雅商量一下，如果觉得太累了，就选择停下几科不喜欢的学科，就算停下作文课我也会支持的。如果孩子喜欢钢琴，那么我可以给她推荐一位老师。

过了一段时间，丽雅笑呵呵地告诉我，她现在只补两科了，但是作文课她不能放弃。听学生讲，她在学校里也开朗些了，朋友也多了，成绩也上去了。

从那以后丽雅再也没咬过手指头。等她的手指恢复得差不多了，我帮她联系了一位老师，丽雅终于在钢琴班报上名了！

谁来把这碗
水端平呢？

门口，马路上停着一辆"夏利"出租车，却没有司机。再看，一个中年男人坐在马路牙子上，愁眉不展。

"老牛，你怎么在这？"我有点惊讶，老牛是一位作文班学生的家长，年纪和我差不多，听说最近有了第二个孩子，喜得贵子。而他的大女儿静雯一直跟我学写作文，直到几个月前升入高中才结束学业。

"刘老师，别提了！"老牛一拍大腿，打开了话匣子。原来，静雯从小学到初中都是个听话懂事的孩子，刚上高一不久，性格突然就变了。尤其是月考数学成绩极不理想，老牛两口子着急上火，训了她几句，她就几天不理睬父母。老牛觉得孩子的心情不好，也没往心里去，只是到处打听补习数学比较好的地方。结果有人推荐了一位水平高的老师，但价格也高，每节课二百元。

老牛开着出租,一天的收入不过几百块钱,这笔费用着实不低,但为了孩子也拼了,报名!

"我万万没想到啊!这还是我闺女吗?"老牛五大三粗的一个中年壮汉,眼睛里竟泛起了泪花。

今天早上,静雯起晚了,打电话让老牛开车送她去补数学。老牛急忙送完客人,跑回了家,拉上女儿赶往补习班。由于天气酷热,老牛担心女儿回家的时候再晒着,拉了几个活儿,匆匆赶往补习班,准备下课后把女儿接回家。眼见着补课的同学都走光了,下课时间也过了半小时了,还不见女儿出来。老牛坐不住了,上去一问——静雯没在这上课,早上进班级就请假了,而且走的时候找老师退了一堂学费,拿着二百块钱走了!有同学打小报告说,静雯是跟几个女生看电影去了!

老牛的眼泪终于掉出来了,酷热的夏天,他跑了半天就热得半昏,夏利车带不动空调,他只能靠灌冰水来缓解,喝得胃拔凉拔凉的。一上午还没挣上一百块钱,工作辛苦还能面对,但听到这个消息,他的心也凉透了。他来找我,就想让我给他一个理由,让他回家的时候能忍着不打静雯!

"今天非得揍她一顿不可!"老牛说,气得手脚冰凉的时候已经打电话告诉妻子了,两口子准备"混合双打"!

我连忙坐上老牛的车,到他家时发现静雯还没回来,刚刚几个月大的小男孩正在床上爬,笑嘻嘻的,完全感受不到家里即将到来的"暴风骤雨"。我劝他们夫妻先冷静,每一件不寻常的事都有其诱因。静雯几个月前的表现一直不错,现在突然急转直下，肯定得有原因。只有找到症结才能"对症下药"！要不然只简单粗暴地打一顿，除了可能引发孩子更偏激更极端的行为，也没什么效果啊！

在我的启发下，老牛两口子一边回忆，一边相互否认，终于老牛想起来了，一定是小儿子摆"百天酒"的时候——当地新生儿一百天时，要摆酒宴庆贺的。老牛中年得子，一时高兴就操办了几桌。现在回忆，大家都把小儿子当主角了，众星捧月一般，静雯被冷落，心里茫然……

"对，就是那天！"老牛的妻子补充说。过后，她意识到了静雯情绪不对，她也对女儿说过，应该理解妈妈，现在只能把精力放在弟弟身上！不过等她生日了，爸妈也要给她好好庆祝的。两个孩子手心手背都是肉，会做到一碗水端平的！

诱因就在这里。二宝出生后，家里大宝肯定会意识到，自己再也不能独享父母疼爱的时光了。而父母这时候必然要多照顾二宝，大宝会因此敏感和猜疑——爸妈是不是不爱我了！尤其是青春期的孩子，外表坚强而内心却倍加脆弱，当觉得自己被忽略的时候，会伤感到无法面对眼前的一切，更不知道怎么去面对家中新出现的小生命。这时候简单的口头安慰已经抵挡不住行为上的忽视了，况且一旦经常提醒大宝"应该"对二宝怎么怎么样，更会让大宝觉得自己的爱被"抢夺"走了！

静雯最近的表现就是因为缺少安全感，心中装满了太多的失落，所以无法静心学习。逃课、看电影只是她逃避现实的初级表现，如果不妥善处理，未来还可能自暴自弃。

"那该怎么办啊!"老牛已经不准备打女儿了,反倒担心起女儿会不会因此受伤了。

"现在就不要提一碗水端平的事了,而是想,怎么让静雯来端这碗水!"我说出了看法。不要让静雯觉得她什么都是"应该"让着弟弟的,也不要让她心里不平衡,觉得弟弟就是来跟自己争宠的。要让她参与到照顾弟弟的"工作"中,让她在陪伴这个小弟弟成长的过程中,找到自己成长的轨迹,感受父母的不易,同时也让弟弟走进她的心,成为她心中不可分割的一部分。

那天,静雯回来以后,老牛什么都没提,当着我的面夸奖大女儿乖巧懂事,还能帮着妈妈照顾弟弟,给父母分担了很多家务。我也赞他们两口子,儿女双全,真有福气!

后来,老牛不断给我反馈消息,静雯看弟弟已经上了"瘾",经常问妈妈,小时候的她是不是也这样。后来甚至和妈妈"抢"着看弟弟,回家第一件事就是奔着弟弟去,抱起来先亲两口。而且静雯的成绩上去了,这次数学考试,考进了班级前十名。她还说,"得用功学习了,以后弟弟都不用补课了,她就是最好的家教。"

"当然,最主要的还不是这些!"老牛得意扬扬地告诉我,现在他们家笑声不断,他在外面拉活儿都精神焕发的。

莲花只在 淤泥生

    中午上课的时候，我发现后排少了三个人。咦，刚才明明看到他们三个男孩子已经到了啊！

    这时，班长向我汇报，有三个同学请一会儿假，去了明志寄宿的地方——明志掉坑里了！

    "又掉坑里了！"我下意识地用了一个"又"字，连自己都吃了一惊，这可是明志连续第二周"掉"坑里了！

    好在明志住得很近，他们几个很快回来上课了。明志换了一条干净裤子，进屋时有几个同学发出了笑声。我看明志脸上并没有太多的尴尬和羞涩，嘴角却有着一丝难以掩盖的笑意，再联想到这个孩子的"特殊情况"，我越发狐疑——怎么又"掉"坑里了呢？

    明志是从外省转到本地的，听说老家在偏僻的山区，到这边也是跟着乡下的爷爷奶奶生活，因上学才到城里作了一名寄宿生。由于普通话讲得不太好，所以刚来时我提问了他几次，总有同学笑。在那之后明志私下和我说，能不能不读课文，我也答应了。明志的阅读量挺丰富的，而且思维逻辑和课堂反应都不错，这一段时间，他的作文小有进步，但和同学交流不多——应该是语言的原因，方言口音浓重的明志在一群说着标准普通话的同学之间，总是充当大家取笑并模仿的对象，即便有些行为是善意的，也会让他不舒服。因而，身处集体中的明志总有一种孤独感，每次来上课他都低着头进来，往最后一排的角落里一坐，除了讲解作文时能小声地和我交流几句，他几乎不怎么开口说话。

作文班门前是花坛，花坛之外是马路，又哪来的坑呢？下课后，班长带着我去现场考察。原来，上周城建部门开始维修全市的绿化带，门前的几个花坛都在翻新，有的花坛出现了坑洼，又下了几场雨，就形成了水坑，里面便有了淤泥。明志这个班上课的时间正是中午，工人都在吃午饭，男孩子们看着闲置的设备感到好奇，甚至有淘气的会翻越警戒线钻进去看看。离作文班大门最近的那个坑明志就掉进去过两次。这引来了大家的哄笑和同情，当然同学们后来都过来帮忙了。

难道他是故意的？这个"古怪"念头在我心中闪过。那他又为了什么？我的脑子里又浮现了明志刚才嘴角的那抹笑意，难道是为了引人注意，引起关注或关心？

人类是群居的高级动物，人与人之间的沟通和交流非常重要，朋友多了，人的精神状态就呈良好趋势。只有一个人的心理健康了，心情才会保持愉快，从而带动着身体的各个系统良好运转。而精神状态对人的日常生活、工作学习都有至关重要的影响。情绪稳定、阳光向上的人会更积极地面对困难。反之，精神状态糟糕的人的行为和思想往往不同于常人，甚至会思维混乱、语言无序。

明志是个比较聪明的学生，他也许陷入了这种问题中，甚至极力想摆脱这种问题，他迫切需要朋友。可他的外地方言给交友带来了障碍，因而越发自卑和孤独。在这种情况下，他很可能用这种"离谱"的方式来吸引同学们对他的关注。孩子们是善良的，他们会积极地帮助陷入"淤泥"中的同学，并且两次都有人把他送回去，还帮他更换脏衣服，这个过程无疑是温暖的。

哦，可怜的明志，用这种"特殊方式"换来了他想要的关心。我这个当老师的，不禁泛起了惭愧之意。

我联系了明志的家长。结果两个老人还保留着原始的苏北方言，话说得又快又急，而他们又不会用微信交流，所以沟通极为困难。我又找到了明志的班主任老师，和他谈了谈情况，了解到明志的父母常年在外，祖父母在家务农，也因为是外来户，加之语言不通，平时家里几乎不与外人来往。在乡下明志也没什么朋友，在学校里也形单影只的。偶尔，他也会做些古怪的小动作博人眼球，哪怕是让大家嘲笑一番，他似乎也心甘情愿。

那天，我最大的收获是知道了明志的老家在哪。一阵惊喜，在那个地区，我有写作方面的笔友。于是联系了朋友，他很快发来了资料，并给我讲解了当地方言的起源及发音特点。

从那以后的两个月，每到课间我就叫明志过来，说我对苏北方言很感兴趣，让他教我一句方言，我教他一句相同意思的东北方言。慢慢地同学们看我俩说得热闹，也参与了进来。我趁机对他们讲了，方言是一种独特的民族文化，每一个地区都有自己独特的方言，它传承千年，有着丰厚的文化底蕴。国家在积极推广普通话，但全国有十几亿人口，把普通话作为唯一的语言工具很难实现。就拿我们提倡阅读的古典名著来说，其中也有大量的方言文化。

看学生们的兴趣较浓，我趁机安排了一期话题——四大名著中的方言特色。大家回家查了不少资料，前期工作做得很细，后来的作文也写得很成功。由于明志的知识积累较为扎实，我把他的作文作为范文让他读给大家听。一开始明志扭捏着不敢开口，经大家几番鼓励，他才结结巴巴地朗读起来。虽然普通话还不标准，但大家听到他解释《西游记》中经常出现的"不当人子"的意思应该理解为"不像话"的时候，不少同学都发出了"噢"的声音，有一种恍然大悟的感觉。那天，同学们把最热烈的掌声给了明志，让他有点不好意思，但他的眼睛里却闪着星星。

明志的朋友多了起来，交流多了，他的普通话也流利了，大家这才发现他原来是个非常开朗外向的同学。后来，作文班举行了一次古诗词竞赛，明志带领小组一路杀进决赛。决赛中大家遇到了一道关键题，唐代苏州籍诗人顾况的《寻僧二首》中有一句，"莫怪狂人游楚国"，请问下一句是什么？两组成员静默了，苦苦思索片刻后，明志坚定地举起了手，朗声回答："莲花只在淤泥生。"

我向明志竖起了大拇指，心里暗暗祝福，愿这位两次掉进淤泥里的孩子，从此能意气风发地行走在人生路上！

我战胜了
——苍蝇

今天的题目是"我战胜了＿＿＿"，这个命题适用先抑后扬，前后对比着来写形成反差效果……

布置完题目，做了写作手法上的分析和讲解，学生们心领神会，"唰唰唰"地动起笔来。

第一个交卷的是小羊——一个柔柔弱弱的女孩，因为名字中有个"羊"字，大家都亲切地称她为"小羊"。我赞赏地看着这一笔娟秀小楷，作文写得很流畅，但主题却让我啼笑皆非——"在老师的鼓励下，我终于战胜了恐惧，从此以后，我再也不怕苍蝇了！"

如果换作另一个学生写这个主题，我肯定要质疑一番，甚至会批评她选材离谱，但对小羊不能。如果不是亲眼所见，我是绝对不可能相信的，一个五年级的女生，会被一只绿豆苍蝇吓哭。天啊，听说过胆小的，没听说过胆子这么小的。可我教育学生们要"以手写心"，要写亲身经历，现在小羊在我的鼓励下，见着苍蝇不怕了，这也是事实啊。从理论上来讲，她并没有做错什么，我怎么能因此批评她呢？除非，我将"胆小"也作为这个女孩子犯错误的理由。

但是，胆小也许是缺点，却不是她的过错。

那天我给小羊打了个及格的分数，跟她讲评说，作文的结构很合理，素材的选择欠了点力度，不过没关系，等她以后变得更勇敢了，再写这个题目就能得到高分了。

事后，我和小羊的妈妈聊了聊。她妈妈说自己就是胆小的人，可能也影响到了孩子。原来，小羊出生不久，爸爸就出国务工了，两年回来一趟，多数时间是娘俩在家。妈妈胆子小，到了晚上有点动静就吓一跳，动不动就会不由自主地"啊"一声，连带着小羊也跟着害怕起来。慢慢地孩子长大了，也是怕天黑、怕声音、怕影子，更怕蜘蛛、怕苍蝇，遇到打雷的晚上，娘俩儿都能抖成一团。

有一句话是这么说的，"有什么母亲就有什么样的孩子"。当然，这句话太绝对，但是不可否认母亲对孩子的影响。大多孩子在出生后，接触最多的就是自己的母亲，母亲在孩子的生命中扮演至关重要的角色，她不光是一个母亲，也是一个老师。而小孩子的学习能力特别强，很小的时候就会模仿大人的言行举止，甚至脾气性格，正所谓"近朱者赤，近墨者黑"。因此，天天跟孩子在一起的母亲，她的一言一行都会影响孩子的品行，她的行为举止都会被自己的儿女效仿。孩子还小，又与母亲最亲近，潜意识里就会尽量向母亲看齐，包括母亲的性格和情绪。

我感觉到小羊妈妈确实影响到孩子成长了，对于成年人的改变我们是希望她自己能克制，但怎么才能让小羊变得勇敢起来呢？至少不要像现在这样过于胆小。

还没等我想出办法，小羊已经哭哭啼啼找我告状来了，班里最调皮的男生大鹏欺负她了。我找来大鹏了解情况，他还笑嘻嘻地满不在乎，原来他只是握了个拳头，告诉小羊这里面有她最怕的东西，然后她就吓哭了。原来是被"空气"吓着了。这可让我怎么判"官司"！

我问大鹏，他的胆子为什么这么大。大鹏说，小时候幼儿园进来一只毛毛虫，其实他也挺怕的，但看到有的小朋友都吓哭了，他觉得特别好玩，结果他就去捉毛毛虫了，让大家都羡慕自己勇敢。

哦，原来知道其他人的胆怯之后，通过对比有了信心，自己的胆子就能大起来。

我说大鹏，小羊被吓哭了，有可能都不敢来作文班了。你如果希望同学留下来，就要帮助她变得大胆一点。有一个小秘密，你可以转告小羊，每个人都有害怕的东西，这并不是丢人的事，其实老师胆子也很小，我从小就怕毛毛虫。你得想办法，让小羊……

第二天，我发现上课前五分钟他们就坐整齐了，一个个的用那种奇怪而期待的眼神盯着我。我习惯性地坐下来翻开书——"哎哟"一声，我丢下书就跑，原来里面不知道被谁放了一只毛毛虫。事后证实，是大鹏干的"好事"，但当天在教室里，笑得最厉害的却是小羊，因为这是大鹏领着她去抓的毛毛虫，她算是"同谋"。

从那以后，我严正"警告"了孩子们，不许把毛毛虫带进课堂，但却没有阻止他们吓唬我的乐趣，常常有人在课间把我"骗"出教室，然后总会有人拿着毛毛虫来吓我，总会吓得我"老脸"失色，也总会有小羊的哈哈大笑——她终于找到一个比她还"胆小"的人了！大鹏告诉我，有两回的毛毛虫，还是小羊抓的呢。看吧，胆子大了先想着要捉弄老师了！

从那以后，小羊再也没被这些苍蝇蜘蛛吓哭过，闪电打雷也不怕了。过了一段时间，她妈妈打来电话，很激动地告诉我，楼道里趴了一只老鼠，她一开门就吓得大叫，可万万没想到，小羊抓起拖鞋砸了过去，把老鼠吓跑了。小羊妈妈了解了女儿"蜕变"的过程，特意打电话感激我的"良苦用心"。她说得很诚恳，一个作文老师却承担了课堂以外的成长教育，而且还要故意装出"怕毛毛虫"的样子，为了这些孩子也真是不容易。

我嘴里谦虚着："没什么，这都是举手之劳。"心里却暗暗说："当个老师容易吗？什么叫'故意装出'，我是真的怕毛毛虫啊！"

"大哭女神"
蜕变记

"老师，晨晨又哭了！"

"晨晨又跑门口蹲着去了，抹眼泪呢！"

这些"小报告"让我恍惚有了在幼儿园管宝宝的感觉，可我面对的明明是一群五六年级的大孩子呀！

晨晨来到作文班不久，因为姓冯名字与《上海滩》女主角的名字谐音，所以同学们经常称她冯程程。很快我就发现了她的诸多优点，比如善良，有时候听到老师嗓子哑了，会告诉同学不要说话了，让老师歇一会儿；感性，习作中常表达一些感恩之情，且发自肺腑，写得最多的就是奶奶，她留的联系方式也是奶奶的电话。

晨晨的缺点一是性子急，经常写错一些很简单的字；二呢，就是这说哭就哭的毛病了。

晨晨的哭是瞬间爆发的、突如其来的、没有任何征兆的。

前一秒，有可能正和同学们说说笑笑，下一秒，眼泪就像断了线的珠子一样，唰唰地往下落。

哭得太多了，哭得太厉害了，以至于同学把她当作个性人物写进了作文里，并作了如此形容，"不愧是班级里的'大哭女神'啊！她的眼泪说来就来，时如天街小雨，洋洋洒洒；时如滔滔江水，延绵不绝……"这用的是修辞手法，还有动作描写，"只见'冯程程'呜哇一声，整个班级的目光都聚集了过去。她捂着脸大哭，边哭边喊'你们都针对我'！然后就按照固定路线跑出班级，在门口蹲了下来继续抽泣。而班级里，一个愕然的老师和一群同样愕然的同学都在用一种莫名其妙的眼神，呆呆地看着门外……"

同学们描写得传神，这句"你们都针对我"确实是晨晨哭泣的常见理由。我决定找找原因，并发动了几个同学帮我一起找，后来大家得出了结论，晨晨最近经常哭泣的原因是关于一个课上环节——汉字英雄。

为了增加学生的识字量，我们每堂课都要听写一组字词，由男生女生分组竞赛，采用淘汰制的方式。这几周男生准备充分，获得连胜，而女生组由于晨晨的马虎，错了几个关键字，加之男生组会因为她写错而表现出喜悦，所以被晨晨以为是"都针对她"，就此引发了一系列的"大哭"。

不过是文字游戏，怎么想也联系不到"针对她"呀！学生们倒很大度，男生纷纷表示，他们可以故意"装输"，让女生赢一次；女生则请求我"作弊"，到晨晨上阵时，给她出几个极简单的字词。我欣慰地看着这群懂事的孩子，虽然出于好意，可这样就失去了公平。她得靠自己的本事成长起来，不能一辈子靠别人让着她、哄着她吧！

眼看着晨晨这个"大哭女神"的绰号要"名副其实"了，我决定还是从根本上解决这个问题。于是拨通了晨晨奶奶的电话，刚说了几句孩子的表现。奶奶已经着急了："晨晨是任性，老师你批评她，千万别打孩子呀！"

我听得直愣，也没说什么啊，怎么就担心我打她了呢？我只得又要来晨晨爸爸的电话，打了几次他都忙着上班，没法详细说。终于在一天晚上联系上了他。原来，晨晨的父母感情不是太好，虽然为了孩子还未离婚，但各自在异乡打工，几年才回来看孩子一次。回家后给孩子买各种玩具和零食，然后又匆匆走了。从小到大，晨晨都是跟着奶奶生活。奶奶对她宠爱无比，从来不让她吃半点亏。小时候，奶奶专门给她准备了一根小棍，如果晨晨碰到桌子了，疼了哭了，奶奶就把小棍给她，让她打桌子，一边打一边骂"桌子坏，碰疼了晨晨"。

后来上了幼儿园，晨晨也是一点亏不吃，小朋友闹着玩碰到她了，她就哭个没完，直到老师批评小朋友，或者把奶奶叫来，替她教训小朋友为止。慢慢地，晨晨只要有一点不如意，就用哭来抗议，奶奶总会尽量满足她。长大了上学了，奶奶不能形影不离啊，于是遇到点挫折，她就会哭个不停。

可别小瞧这"打桌子"的行为。孩子刚会跑的时候很欢快，磕磕碰碰的在所难免，碰疼了是很正常的事。可家长为了安慰孩子就去打桌子敲凳子，边打边骂"桌子不好凳子坏"，可能在短时间内会起到让孩子破涕为笑的效果，也许有的家长还得意自己的这种方式快捷有效，殊不知无形中在孩子心里种下了一粒自私的种子。这等于是教会了孩子以自我为中心，有问题无论是非就去责怪别人，这样的教育方式对儿童的心理健康极为不利。虽然说并没有教孩子去打人，可对幼童来说，打物和打人没什么区别——只要碰疼了自己的都该打。这样的孩子自理能力都比较弱，等到再长大一些，接触到了更多的孩子，小伙伴们之间发生了些小摩擦，"打桌子"的孩子会习惯性地把责任推给别人，怪这个怪那个，就是不怪自己。

从晨晨在幼儿园的行为来看，小时候的溺爱教育确实影响了她。好在这孩子本质不错，老人虽教育不得法但晨晨心地善良，所以她也一直在努力收敛着任性，却总会在受挫折的时候爆发，比如不找自己识字量少的原因，只找其他同学"针对她"的借口，从而大哭一场发泄不满。

原因找到了，如果再这样，只能让晨晨更加脆弱了。晨晨爸爸说近期回家一次，和老人商量改变一下教育方式。而我在作文班也召集了几个懂事的孩子，让大家集思广益，让晨晨树立起信心，只要她凭本事获胜，有了自信，那她就会乐观起来了，也不会像现在这样动不动就怨天尤人了。

听写，她识字少，还经常粗心；作文还好，但错字太多，也得不到高分；阅读理解，因为思想不太成熟，也马马虎虎。在我百思不得其解时，有个女生提出了建议："晨晨平时爱看谜语书，尤其是对猜字谜特别感兴趣。老师，你在听写环节加点谜语吧！"

这个主意倒真不错，也算丰富了我们的课堂内容，一举两得，不妨一试。

接下来，我精心准备了两套题。有汉字听写，也有看图猜成语，还有画谜和字谜。这下，晨晨有了表现的机会，她在猜谜语方面确实有优势，思维很敏捷，而且考虑的角度往往别出心裁，很多较难的谜语大家都猜不出来，全都指望着她来揭晓答案，而她也不负众望，连连得分。

女生连扳数局，总比分上超越了男生。那几堂课晨晨获得了同学们认可的掌声，她都笑成了一朵花。而男同学呢——这些"失败者"，看到晨晨那灿烂的笑容，竟然比获胜者还开心。

"大哭女神"渐渐变成了"大笑女神"。在晨晨的改变上，我最想感激的是班里这些善良豁达的孩子，正是他们的包容和关爱，才让一个脆弱敏感的女孩发生了质的蜕变。

一把心锁，就这样被慢慢打开了，晨晨就此开朗起来，因为赢了不少次，所以再遇到失败时也坦然多了。半年之后的某一天，晨晨的作文第一次获得了班级最佳，被当作范文朗读，而且因为写得情真意切，这篇作文被本市的《少年文萃》录用了。她激动得脸发红，时不时嘴角还流露出笑意。

这时有个淘气男孩突然装哭："哎呀，我的作文怎么没得最佳，你们都针对我呀！"

全班爆笑一团，笑得最厉害的就是晨晨。

不要背对
这个世界

上课了，却无法安静下来，班级里出现了不和谐画面——陈旭背对着黑板，把后脑勺给了我。

我面对着这一众初中生，接受他们的青春期表现，也接受他们的个性，但这种上课方式我还是无法接受。我克制住情绪，走过去对陈旭说："如果对作文课有抵触，我可以和你家长沟通，让他们不要勉强你来上课！"

这个高大的男孩瓮声瓮气地说："老师，我不是冲你……"

学生们都笑起来，我也笑了，不是冲我？在我的课堂上就得冲着我冲着黑板。在我的坚持下，陈旭终于把身子扭转过来，这一堂课他板着脸，面无表情，努力地将自己打造成一尊"雕像"，作文自然是没有完成，只在纸上写了一行大字：老师，真不是冲着你！

下课了，还未等我联系陈旭的妈妈，她已经找到作文班，一脸不安："刘老师，陈旭捣没捣乱？"

原来，在此前的英语课上，陈旭背对着黑板，被英语老师罚写单词，结果他在英文本上画了一堆漫画……

陈旭这个孩子有点孤僻，平时也少见开朗活泼的一面，但他心地比较善良，作文中对感情的抒发也比较到位，应该算一个感性的男孩。不过只要一涉及父爱母爱的题目，他就有意回避。

我一向很少打听学生的家事，今天问题出来了，就有必要了解一番。原来，陈旭的父母离婚三年了。父亲远在南方，很少回来探望，但每次回来时，陈旭总是会露出少见的笑容。母亲打算再组建个新的家庭，但相了几次亲，都过不了陈旭这一关。领回家见见面，陈旭就踢桌子摔门的，弄得不欢而散。这次，她许诺只要陈旭不捣乱，就奖励他一台平板电脑。在物质的诱惑下，陈旭答应不干涉，可是事到临头又变了卦，他坚决反对。母亲忍无可忍骂了他几句，他就声称放弃一切补习班，以不学习来对抗。

听罢，我从心里反对陈旭妈妈用物质奖励来解决这种问题。陈旭的抵触是源于对家庭团圆的渴望，他还沉浸在失去了熟悉的家的情绪中不能自拔，更没有做好准备接受未来的新家庭，那种未知的、陌生的家庭关系给他带来了强烈的不安全感，平板电脑能让他快乐一时，但不能打开他的心结。这事关乎别人的家庭私事，我是不好多说的，只问陈旭反对的理由是什么。

陈旭妈妈说，理由不一，有嫌男人吸烟的，有嫌男人说话嗓门大的，这一回更离谱，说这个男人个矮，在一起打篮球都没法玩。陈旭的父亲是个大高个儿，在陈旭五年级的时候就带他玩篮球，但那之后不久，父母就离婚了。

第二天的作文课上，陈旭虽没有背对黑板，可还是一个字不写。放学后，他刚要走，我拍着篮球出去了："走，打球去！"

作文班附近有个小学，周末对外开放，所以操场上有不少打篮球的。我和陈旭找了一伙初中生，二对二，我们俩的身高有优势，所以连胜了两局。歇息的时候，陈旭看我累得汗如雨下，跑去买了两瓶水，一人一瓶。我看他情绪不错，也就顺势聊了聊，打听了一下家庭情况，他自然也说到了父母的离异。

"那你最近的表现，就跟他们离婚有关吧？"我试探着问。

"就算是吧……"陈旭犹豫一下，还是说了。父母离异以后，他总觉得比同学们缺了点什么，尤其同学一提父母怎么样他就觉得别扭，所以经常郁郁寡欢。母亲几次相亲他都给搅黄了，他心里想的是只要母亲不再婚，这个家就还有团圆的希望，他就不是缺爹少娘的孩子。

我摸了摸这个大男孩的脑袋瓜，别看长得高大——初二就快到一米七五了，但一脸稚气，童心未泯，思想上离成熟尚远呢！

"你爸爸在南方，一年才见一面，你能阻止他在外面再成家吗？"

陈旭一怔，认真想了想，随即摇了摇头。

"那就对了，你不能干涉到父亲的再婚，怎么能干涉母亲的再婚呢？再说，就算他们各自组建家庭，你还是父母双全啊！"

陈旭不明白了，茫然地看着我。

"你看，你有爸爸，你有妈妈，他们都爱你，对吧！大人们因为种种原因不能在一起生活了，他们选择了适合自己的生活方式，这是他们的自由。但是，这不能改变你是你父母的儿子，也不能改变他们对你的爱。无论他们在哪生活，跟谁一起生活，你都是他们的孩子，你都是父母双全的！"

那天，陈旭在操场上坐了很久，若有所思，后来很愧疚地跟我道了歉，为在课堂上的叛逆表现而后悔。我笑着说："道歉的话我接受了，你先把我拉起来吧，我这老胳膊老腿打这一场球，可够受的。"

陈旭和我道了别。晚上，他用母亲的手机微信发来语音消息："老师，我有点想明白了。"

我欣慰地回了信息："正因为父母不在一起生活了，你更不能背对这个世界，你更要努力地面向阳光。试想，将来你考上了一所重点大学，升学宴上父母都会满面春风地站在台上，接受亲友的祝贺，和你一同分享快乐。那时候，你就会明白了，你的父爱母爱并不缺少。可是，你总是背对着世界，接受不到阳光，一脸愁容，将来……"

"老师，你不用往下说了。"陈旭有点不好意思了，"这两篇作文，我都补上，一定让你满意！我妈的事，我也不阻止了……"

关上手机，我望了望窗外，皓月当空，明天又是艳阳天了。

"孙子兵法"与
"三十六计"

期中考试后的课堂总有一片哀叹声。成绩不如意的愁眉苦脸，有人开始预支烦恼——家长会后，不是挨骂就是挨罚……

这些学生里，只有古佳谈笑风生，看到别的孩子发愁，她反而乐不可支。我知道古佳的成绩很好，这次肯定又是名列前茅了吧！可一问之下，她却说："语数英都不错，其他科目考得不好。"

其他科目没考好，那家长会不会责备呢？听到大家的询问，古佳略有得意之色："没事儿，考啥样我妈都不骂我，更不会打我！"

这下同学们更好奇了，古佳难道有什么绝招能回避"拷问"不成？但无论谁问，古佳都是笑而不答。我知道古佳平时心眼儿就活泛，比同龄女孩成熟多了，再瞧她那神神秘秘的样儿，简直就是京剧中诸葛亮的做派——"山人自有妙计"。

　　放学后，我意外发现门外站着两个人——古佳的父母都来接孩子了！之所以意外，是因为这些初三学生都是自己回家的，包括古佳。即便是有家长来接，也不会这么郑重其事地来两个，而且每个人的表情都特别凝重、紧张。而古佳呢，整堂课都春风满面的，一到门外看到了父母，立刻收起了笑容皱起了眉头，也不打招呼，没精打采地低着头走。古佳的父亲赶紧跟上去，陪着笑脸和女儿说着话，妈妈则留了下来，欲言又止。

　　等学生都走了，古佳妈妈才问我，孩子在课堂上有没有过于悲观厌世的表现。悲观？厌世？我吃了一惊，这些孩子数她最开心，怎么能和这些字眼关联上呢？

　　原来，古佳妈妈对女儿寄予厚望，以往成绩不理想，家里就会"乌云密布，阴风怒号"。可是初二期末考试时，古佳成绩有所下滑，没等妈妈发脾气，她就坐在窗口望着窗外，叹了口气："活着真累啊！"这一句话让古佳妈妈立刻崩溃，上前抱住女儿，吓得脸都白了，"孩子，一次两次考试算什么，你的基础这么好，下次一定能赶上去。再说，就算考不上好大学也没关系，干什么不行呢，还有妈妈呢！"

　　从那以后的每次考试都让古佳父母胆战心惊，不怕女儿成绩不好，只怕她想不开动了歪心思。考得好了自不用说，考得不好两口子更得笑脸相迎，连哄带劝。这次考试成绩又不理想，他们发现古佳的日记本放在桌子上，里面又写着"好累好烦"这样的话，于是又紧张起来，双双赶来接孩子，开始新一轮的安慰。

　　我的脑子里又闪现出古佳那神秘而得意的笑容来，我让古佳妈妈别着急。新时代的孩子接触的事物和以前不一样了，别的不说，现在满世界的宫廷剧就够让人头疼的了。一个个尔虞我诈、钩心斗角的，简直无所不用其极。据我所知，古佳她们几个女生都是"宫剧迷"，保不齐就学了两招来"对付"家长。

　　古佳妈妈有点不敢相信，我让她冷静分析一下，古佳的成绩好，压力也大。我记得以前每次考试前她都特别紧张，和同学聊天时也常说害怕拿着成绩单回家，就算不挨骂，光是家长那种充满期待的眼神就让她受不了。而且现在有些家长是拿着孩子的成绩单来晒朋友圈的，以此为荣来作为炫耀资本。古佳说过，她的家长就极爱晒成绩，所以她生怕考不好，让家长失望。也就是这几个月以来，古佳突然变得不再惧怕考试了，原以为是她心智成长了，谁知道她玩起了"三十六计"。别的不说，日记就是个破绽，极有可能是故意让家长看的。

　　古佳妈妈恍然大悟，对，古佳是个心思细腻的孩子，她的东西平时锁得牢牢的，这次把日记本大模大样摆在桌子上，肯定是故意的！她反思了一下，也做了自我检讨，觉得平时把太高的希望都压在古佳身上，确实给孩子带来了太大的压力，这方面她以后也会避免。但是，不管真的假的，古佳这种悲观厌世的暗示，还是让她心中惴惴不安。而且长此以往，这不等于纵容孩子学会撒谎、学会耍心机了吗？

　　她问我有什么办法。我笑着问她看不看金庸的《天龙八部》，那里面有姑苏慕容的独门武功——"以彼之道、还施彼身"。不妨参考一下，孩子能使"三十六计"，家长就不能用"孙子兵法"吗？

当天晚上，古佳妈妈回家就生了"病"，而且相当"严重"。古佳担心了，给妈妈端水喂药测体温。妈妈"有气无力"地告诉她："孩子，成绩一时下滑没什么，考试可以有无数次机会，可父母只有你一个宝贝呀，你别总吓唬我们行不行？"

古佳最后哭着道了歉，并且保证以后学习方面的问题会和父母一起研究解决，绝不再玩"计策"了。而父母也向她承诺，无论成绩好坏，都不再给她过多压力，也不再拿她的成绩炫耀了。

后来的几次考试，古佳都没什么大压力，轻松上阵，成绩都不错。半年后的中考，古佳成功地考进了心仪的高中。她的家长给我打电话来报喜，同时说："您这个作文老师真是博学，读书读得真多，连兵法都懂。"

我苦笑，这些哪是读书读来的，我家的孩子也正处青春期，这些"反客为主"的方法或"苦肉计"都是我使过的……

克服"选择恐惧症"

　　康凯是个比较特殊的男孩。说他"特殊"，是因为他的基础非常好，识字多、阅读量也够，平时的表现都非常优秀。但是，只要他一参加考试，成绩总是不如意。而且，错的多是极为简单的选择题。

　　康凯另一个特殊的地方是送他来报名的奶奶。别的家长都会夸自己孩子两句，希望老师收下学生。只有康凯奶奶见了我就抱怨，说孙子这也不行，那也不行，从来就没有争气的时候。末了加了一句："刘老师，严师出高徒，你尽管使劲收拾他！在家我也不惯着他，考砸了我就揍他。"

　　我当时以为是老人家的戏言，康凯作文进步得挺快，而且对老师和同学都很友好，平时也不淘气，属于那种很听话的男孩，这样的孩子在家里都是宝贝，哪个奶奶舍得打呢？

　　但是，康凯的考试成绩却实在不敢恭维，考前几天就显得特别紧张，考后别的学生对答案时，他会躲着远远的，听都不敢听。成绩起伏不定，好的时候能进班级前列，差的时候是班级中等。这让我很是惊讶，这么听话的孩子，一般来说都是很沉稳的，他到底是怎么回事呢？

一次期末考试后，阅读课上我讲了一些他们考卷上的问题，几道选择题都相对简单，多数同学全部过关，一个个的眉飞色舞地回家了，只剩下康凯一个人，在座位上待着不走。我问他怎么不回家。他没言语，再催几遍，他趴在桌上哭起来，边哭边说："老师，我不想回家，你让我住在作文班里吧。"

我看他哭得这么伤心，赶紧过来安慰他，问问他怎么回事。他抽抽搭搭地说："这几道题我全错了，回家奶奶非得打死我！"

全错了？我愕然，其中有一道古诗选择题，康凯前几周还给我流利地背诵过，怎么能全错？难道全忘了？

康凯说，他没忘，可是一考试就紧张，一想到考不好要挨打就心慌，一碰到选择题就总怕选错，结果会的题都答错了。

选择恐惧症！这显而易见是不自信、逃避责任、缺乏自立意识、预支烦恼、害怕失败。在面对选择须做出决定的时候很恐慌，手足无措，严重者甚至会大汗淋漓。康凯这么小的孩子，怎么能患上这种毛病？我再联想起他奶奶说的"考砸了就揍他"的话，再想到刚才康凯说的"回家奶奶非得打死他"。难道，老人家真的会下狠手打孙子？面对这种教育方式，康凯的爸妈是什么态度呢？

在我的安慰下，康凯平静了下来，也向我说明了家庭情况。他爸妈长年在北京打工，他从小就跟着奶奶长大。奶奶对他管教极严，不听话就打。而且奶奶非常好面子，几个退休老太太碰到一起跳广场舞，一听说谁家孩子优秀，回家就厉声呵斥康凯要争气。每回考试前后都是康凯的噩梦，考前奶奶先把"刑具"摆上，告诉他进不了前列用笤帚，这属于小小惩罚；落到中等用木板打，这属于严厉惩罚；中等以下用竹板打，这属于严酷惩罚。

慢慢地，康凯一到考试前就胆战心惊，本来挺有把握的题也会答错，一遇选择题脑子里转的全是笤帚、木板、竹板，越害怕越出错，所以这回估计是"严酷惩罚"了。

康凯的奶奶打来电话，我看孩子被吓哭了，便果断地点了拒接，要来他爸爸的电话打了过去。康凯爸爸开始还不太当回事，认为奶奶严厉教育孙子总比溺爱强。可是我给他讲了选择恐惧症的严重后果。孩子在这种家教过严的环境中成长，长期受压制，个性得不到健康发展，在行为上容易表现出自卑、怯懦、无条件顺从、害怕参与社交等问题。以后到工作岗位上，即便有机会，他也会因为害怕失败而放弃；即便能做好，他也会因为缺乏自信而搞砸。久而久之，他的胆子越来越小，性格越来越封闭，又如何在这个竞争激烈的社会中生存呢？

康凯的爸爸在电话那边着急了，问我怎么办好。好的建议当然是要增强孩子的自信心和安全感，但从眼下的具体情况来看，最好让父母回来陪伴一段时间。亲密关系是增强安全感的重要一环，康凯特别需要父母的抚慰和关心，减少对他的指责、批评，采用欣赏的语言进行沟通，让他在父母的鼓励中会学欣赏自己。这是解决这个问题行之有效的方法。此外，作文班的老师和同学，也会帮助康凯树立自信心。

那次康凯没有挨打，经他父母同意，我领康凯到外面吃了点饭，又留他在作文班里补了一堂课。到了晚上放学时，他爸爸已经坐着飞机回来了……

从那以后，康凯脸上经常露出笑容。我把他的情况私下里和同学们说了，大家都表示要帮助康凯。作文班出了不少选择题，男生们纷纷选康凯做答题代表，起初他还是不太敢选，但大家的掌声雷动，让他终于落下了笔。答对了，全体欢呼；答错了，大家也给予鼓励。渐渐地，康凯不再犹豫不决而是变得果断，正确率也日渐提高。终于有一天，他连着答对十道选择题，作文班简直成了欢乐的海洋……

春节前作文班放了假。康凯的父母都来接他，说要请我喝酒，因为这次康凯的成绩第一次考到了年级前列。而且，他们两口子商量了，挣钱的机会以后还有，可孩子的成长只有一次，所以他们决定回来创业了。

我看着康凯幸福地倚在妈妈身边，不禁为这个孩子感到高兴，也许对孩子们来说，有父母陪伴的童年，比考个好成绩更重要吧！

统一口径，
一致对"孩"

初三的学生结业了，由于高中实行住校制，所以周末没时间来学作文了。看孩子们恋恋不舍的样子，我就建了个师生微信群，方便交流。

没多久，女生萌萌就在群里发了一个表情"我难死了"。当时也没多想，毕竟高一学生有半个月的军训期，萌萌平时也是娇生惯养，保不齐就是觉得训练太苦，发发牢骚而已。

几周以后的傍晚，散步的时候有人在后面叫我。一回头，萌萌兴高采烈地跑过来问候。师生重逢，自有一番欢喜，聊了几句，我猛然想起来，不对呀，这个时间她应该是在校园里，住校制是封闭式管理呀！

面对询问，萌萌有点不好意思的样子，说了句"身体不好，请假回家了"就匆匆告别了。我看她满面春风的样子，倒不像生病的模样，但也只是猜测罢了。

后来的一个周末，放学后在教室门外我发现了萌萌的妈妈，她一进来就一脸愁容："刘老师，快帮我想想招儿，我让这个孩子给'套路'了！"

听到"套路"这个词，我差点儿笑出声来，请她坐下慢慢说。原来，高一军训阶段已经开始实行住校制，但是学校食堂还没正式开放，所以那半个月的午饭和晚饭还是要回家吃。萌萌回家就抱着妈妈哭，嘴里嚷嚷着"我又是一夜没睡……"作为母亲，自然有心软的一面，但萌萌妈妈还是很理智的，她冷静下来问问情况。萌萌列举了诸多环境的恶劣——室内潮湿、有蚊子、室友有打呼噜的、洗热水澡的人太多……

萌萌妈妈听了，先是安慰女儿，然后是耐心教育，住校制是对学生融入集体生活的一种锻炼，高中毕业后上大学也要面对这些情况的。难道以后能因为室友打呼噜或是宿舍有蚊子就不上大学了？在她的坚持下，萌萌含着眼泪又回到了学校住宿……

我赞赏地点点头，家长这么做没问题，那怎么又被"套路"了呢？

萌萌妈妈叹了口气，要说现在的孩子心眼儿也多，萌萌跟妈妈哭了几场没效果，转而向爸爸的阵地"进攻"。都说女儿是小棉袄，爸爸宠起女儿来可是要超过妈妈的，哭了几天，萌萌爸爸的心都要碎了，便提出让女儿回家住。两口子意见不合，为这事还吵起来了。一边是老公的压力，一边是女儿哭肿的双眼，尤其是女儿到家经常给她端茶倒水帮着收拾屋子，临走时总要抱着她哭道："妈妈，我一分钟都离不开你……"萌萌妈妈终于扛不住了，带着女儿去了医院，利用她的医学知识，指挥着女儿表现出各种症状，开出了一张"神经衰弱"的诊断书，到学校请了假，萌萌回家了。

我暗暗摇头，这不仅是溺爱孩子，这也是在教孩子弄虚作假呢！萌萌妈妈也很后悔，孩子回家后老实了三天，家务活儿不再伸手了，只要一有空闲就拿着手机摆弄个没完，有时候一天也跟她说不了一两句话，这哪是"一分钟都离不开妈妈"呀，这是一分钟都离不开手机。她提过几次让女儿回校去住，女儿根本就不理会，那架势摆明了在示威——爸爸在家，妈妈总不能把我硬撵出去吧！

我默然无语。

每个家庭的境况都不同。夫妻双方的学识、修养、三观都不会完全相同，所以面对事情的态度难免有分歧，这很正常。但对于孩子的教育问题，则一定要互相沟通，达到口径一致。否则的话，爸爸认为往东走正确，妈妈认为往西走正确，而孩子到底听谁的呢？孩子有一种自我保护的潜意识，他们觉得父母哪一方能倾向于自己，就会向这一方倾斜，继而更加信任、依赖对自己有利的一方，来寻求保护。

举例来说，在孩子零花钱的问题上，如果爸爸认为女孩应该"富养"，多花点没问题；妈妈认为女孩应该节俭，不应该养成浪费的习惯。在这个问题上父母出现了不同意见，孩子就会倾向于爸爸的观点，会回避妈妈去找爸爸要钱，因为这样做能满足她们的个人需要，所以爸爸的观点就是正确的，而妈妈的观点就可以忽略了。

如果长期成长在父母意见相左的教育环境中，待孩子成年后，极可能出现多重人格。像萌萌住校还是住家里的问题，就是这样的例子。

那天在我的建议下，萌萌的父母坐下来认真地反思了一下，也交换了各自的意见。我也给他们讲了当今社会对人才的要求是越来越需要有创新精神和拓展思维的人，所以家长理应认清现实，提早教育孩子学会自立自强。想解决这个问题，夫妻应该先同心协力、统一口径、一致对"孩"，这才能让萌萌正视问题，寻求改变。

最后，夫妻俩终于达成了共识，回家去想办法劝说萌萌重返学校住宿。而我也发动一些喜欢住校的孩子，在群里发些有关集体生活的快乐图文。几天后萌萌家长发来消息："孩子已经返校，这一回没有哭"。

我给他们回了信息，建议去读读《战国策》名篇《触龙说赵太后》，其中有一句很值得我们思考："父母之爱子，则为之计深远。"

身体力行与
知行合一

　　一堂作文课中，讲解的过程是丰富多彩的，大家在一起讨论情节构思与写作手法，而且各抒己见、畅所欲言，但当学生们拿起笔来时，教室立刻安静下来。

　　于是，我很欣慰地看着这批五年级新生们思索与动笔时的认真模样。突然，一阵不合时宜的笑声，打破了宁静。我用嗔怪的眼神望过去，见几个女生仍在那围着一个叫文博的男生笑个不停。这就有点奇怪了，这几个女生平时都是文文静静的，今天怎么如此失态？

　　大家的目光都被吸引过去了，随即笑的人越来越多，课堂顿时就乱成了一锅粥。我敲敲戒尺，走过去看了看，自己差点没忍住火气！——"文博，你怎么用左手写字，而且你的手……"

　　文博的作文本上出现几行歪扭得不成形的字，他的左手笨拙地拿着笔，手指甲里黑乎乎的，像是好几天没洗手了。他平时可是用右手写字的，还算工整，那右手怎么回事？文博脸红了，把右手藏在身后不拿出来，但还是被旁边的同学给拽了出来。

啊！这下大家惊呆了——文博的右手不但又黑又脏，而且还肿了起来，像个小馒头。

怎么回事，墨水洒手上了？受伤了？

文博就是不回答，再问就要哭。我只得让其他同学继续完成作文，领着文博来到隔间办公室，关切地询问情况。

原来，文博的学校要举办一期以"孝行"为主题的征文活动。老师启发学生们，回家多帮家长干点力所能及的活儿，也就有素材了。文博的家长在市场做面食，冬季得需要烧火取暖热灶，几乎每周都要往店铺里拉一车蜂窝煤。文博和父母住在店里，所以觉得帮家长搬蜂窝煤是一举两得的事——既帮家里干活了，又能有素材可写。可他哪有什么劳动常识，虽然家长叮嘱他戴手套，但那副破手套还是没挡住煤渣子糊满了手。

昨天星期五，他的手没办法洗干净，到学校时被值周生抓个正着，他们班的流动红旗被取消了。班主任生气了，批评他影响了集体荣誉，警告他说，下周一如果还这么黑着两只手来上课，就把他交给学校处理。

"那你就用洗涤灵好好洗洗呗，怎么弄得又红又肿的？"看着眼前这个流泪的小男孩，我后悔刚才语气过于严厉了。

文博不敢告诉家长挨了班主任的批评，小孩子又哪里懂得洗涤灵的作用，只是用肥皂使劲搓，左手的手心手背算是洗干净了，指甲缝里的黑渣他准备放学后清理。但右手干活用力较多，煤灰"污染"的程度也比较重，还没等他清洗干净呢，家长已经催他去作文班了。他着急了，生怕作文老师也会发火，情急之下用钢丝球使劲地搓着……

我的心颤栗了。

小学生进入校园时，是带着一颗世界上最纯净的心来的，比蓝天还蓝，比白云还白。他们对校园这个大家庭有着莫名的敬畏，认为学校和老师的言语有绝对的权威。所以常常出现家长的话他们不一定全听，而学校安排的事是"肯定""一定"以及"必须"做到的。况且学校教育的方针属于"严而不厉、爱而不溺"，倡导的是平等思想，这也是学生们敬畏的原因。当"集体荣誉感"摆在面前的时候，谁为集体抹黑那就是一件很耻辱的事。

所以小学生们最怕的不是挨批评，怕的是因个人影响集体。从这点上来说，是好现象，这恰是一个孩子树立正确三观的优良表现。五年级的文博思想单纯，能响应学校号召，积极参加征文活动，身体力行去尽孝，这值得赞扬；为怕卫生不过关而给班级"抹黑"，不惜用钢丝球擦伤了手更是让人敬佩。一个大人可以有很多方法来证明自己做到了，可一个小孩子展现自己的只有澄明的内心！在这点上，我这个老师，我这个大人，也感到惭愧。

我与文博家长通了电话，表扬了文博的行为。他们说，既心疼孩子，又不知所措，以前看文博帮家里干活挺开心的，以后都不知道该不该支持他继续干下去。我安慰他们："大方向没有错，不能为一星半点的小插曲改变初衷，更应该趁这个机会，教会文博一些生活常识，不仅要爱父母、爱集体、爱劳动，还要懂得怎么样做才能做得更好。'身体力行'的目的，是为了'知行合一'……"

后来，文博的班主任也知道了真相，在班级里表扬了文博的行为，还鼓励其他同学都要学习他的这些优良品质。

而在下一节作文课上，文博把他准备参赛的征文写了出来："戴线手套搬煤球是不可行的，煤渣很容易透过来，把手染黑。有时候戴两层也不管用。我可不想再看到那双比煤还黑的手了，也不想再看到爸妈心疼的眼神。于是，经过反复观察，我发现店里有不少废弃的一次性手套，把它套进线手套里面，嘿，等于给我的手穿上了'防弹衣'。在爸妈的笑容里，我懂得了尽孝不仅是用力气，更要动脑子……"

大家都在关注你

"老师，'住在城南'是什么意思？"

我一怔，还没来得及反应，班级里已经笑成一团。大家笑的不只是这个问题过于幼稚，更是在笑提问题的人。有人甚至边笑边说："赵宝宝又在求关注了！"

同学们口中的"赵宝宝"其实不小了，已经上七年级了，成绩不错，长得也高高大大的，但是经常性地在课堂上提出一些幼稚得让人意想不到的问题。"脸冻出血了，会不会疼啊？""桥断了，汽车不能冲过去吗？""张大妈是男还是女啊？"……还有今天学的黄庭坚的《题自书卷后》，文言文翻译到了"住在城南"他也要问一句。如果这是一个学前班或者一年级的孩子在提问，我或许不觉得奇怪，可是一个智力正常的初中生如此频繁地问这类问题，那只能是——故意的！

"赵瑞，放学留下来，我再给你讲'住在城南'是什么意思，现在不要影响课堂！"

一听说要被留下，赵瑞不但不害怕，反而连连点头、面有喜色。看他那样子，似乎是遂了心愿似的，让我觉得又上了他的当。赵瑞不怕被留下，即便不被留下，他也不愿意马上回家，总是磨蹭到最后，跟在我后面帮着收拾收拾，没话找话问我些古怪问题，没有太深奥的，都是与前面类似的最浅薄的常识问题。他经常让我愕然，而观察他写的作文，思维逻辑并不混乱，那么这些做法只能解释为有意为之了。

难道真的像那些同学们说的那样，赵瑞在求关注吗？

放学后，没等我多说，赵瑞先主动认错了："老师不用给我讲了，我知道'住在城南'是什么意思。"

我看着赵瑞，联想着他的一贯做法，便过问了一下他的家庭情况。赵瑞犹豫了一下，说母亲在家照顾他，父亲经常外出。

外出？是出差吗？还是到外地工作？一年回来几次？

面对我的疑问，赵瑞变得支支吾吾起来，只含糊说了一句"就在本地"，然后像逃跑似的离开了。

就在本地，为什么说"经常外出"？一切变得扑朔迷离起来，但事关学生家庭隐私，我只能把好奇藏在心里。当天回家后，翻了一些青少年心理学方面的书，试图找到类似赵瑞这种情况的例子，最接近的一条就是，青春期少年有获得帮助的需求。

青春期的孩子上了初中，会突然发现周围的小伙伴都长大了，小学时代的稚嫩表现越来越少，更多的时候他们得靠自己来解决问题了。他们对这个世界充满了好奇和渴望，也有疑惑和恐惧，尤其在想做事又怕做不好的情况下，他们真的希望口袋里有个"诸葛亮"，能在自己有困难的时候摇着扇子走出来，帮助自己出出主意。可是，他们发现，凡事依赖家长的习惯站不住脚了，要真正践行"独立"与"自主"了，这时候他们反而更需要家长的指点与鼓励。

赵瑞的家长，是不是对赵瑞的关注不够呢，所以他才总是提这些幼稚的问题，来让老师和同学多关注他一些呢？我带着这个疑问，向赵瑞的几个同班同学侧面打听了一下他的过往和现状。消息一条条反馈回来……

赵瑞胆子特别小，一般男孩子都敢做的事，他都不敢尝试，就连课外书里稍微有一点黑暗的环境描写，都能吓得他做噩梦。

赵瑞在学校比较听老师的话，有时候表现得过于幼稚，被老师训斥，他也笑呵呵的。

赵瑞小学时被同桌"投诉"过无数回，"罪名"有：同桌写字时他晃动桌子、自习课上突然大叫一声、同桌捡东西时他会脱鞋……

赵瑞的父亲体弱多病，长年需要治疗，赵瑞从小就见不到几次父亲。父亲回家也是躺着休养的时候多，父子很少交流……

我忽然明白了赵瑞提的问题为什么经常停留在幼儿园阶段——那恰是他儿时缺失的，那时候他想得到父亲的帮助来替他解答人生中最初始的疑惑，但他没有得到，所以当他见到喜欢的同学和老师时，又把这些问题转移到我们身上，希望从我们这儿得到一些情感上的弥补。如果他觉得大家忽视了他，就会做一些"特殊"的举动来求关注。比如他对同桌的行为，其实并不是真的讨厌同桌，多半是感觉到那个同桌疏远了他。在赵瑞的内心深处，一定比其他学生更渴望朋友。

在下一节作文课上，我和学生们讲："刚升到初中，很多同学都不太适应中学那种紧张的学习压力，会更加怀念小学时代的无忧无虑。就连老师也是这样。谁不留恋自己的童年呢？所以每节作文课大家可以提一个很幼稚的问题，从今天开始，选一个代表来提问！"

学生们异口同声："赵瑞！"

让他大大方方地说，赵瑞反而扭捏了，大家七嘴八舌地催促着："你不想求关注吗，赶紧说，我们都在关注你！"

赵瑞看躲不过了，张嘴就问："老师，你的光头是不是得天天刮？"

全班大笑，连我都忍不住了，但还是很认真地回答他："是的！我有一把专用的剃须刀，每天都刮一次……"

放学后，赵瑞又是最后一个走的，居然向我鞠了一躬："老师，提那个问题很不好，对不起！"

我笑了，摸了摸他的脑袋瓜说："没关系，不算过分，老师可以接受……"

赵瑞回家了，感觉他心情很好，希望他记住我的那些话。

"其实你不用刻意做什么，老师和同学都在关注你，如果你再努力一些，你得到的关注会更多……"

精神也需要 "喂养"

"丽丽来没来？"我念着名字发作文，环顾了一圈，没有看到她。她在学校的同桌也在这学作文，他告诉我丽丽在学校也缺了两天课了。

哦，难道这孩子生病了吗？课间，我给丽丽爸爸发了条微信，他也没有回复，让我不免有些狐疑。我和丽丽的父母是同乡，平时也常有来往，关系还不错，所以丽丽也算是我看着长大的孩子。除了学习之外，丽丽也喜欢和我交流一些成长的故事。这孩子比较要强，小学时一直是学霸，初中竞争虽然激烈了，也能排在年级前二十名，她不仅是家长的骄傲，也是很多老师的骄傲。不知道什么原因导致缺课，看着上周给她写了个"思想消极"评语的作文，我倒有些担心起来。

直到放学后，丽丽爸爸才回话了："丽丽说什么也要休学！怎么劝都不听，我说重了几句，她就跑回了姥姥家，就是不上学了，我们都急疯了！"

休学！这么优秀的孩子怎么有了这样的念头？我再翻阅着丽丽的作文，看来这种"思想消极"的背后有着沉重的压力呀！

"多数人都会为一个好的成绩沾沾自喜，可谁能想到，我最怕的就是进步。考到年级前二十名，父母看我的眼睛里全是星星——我是他们的希望，这点我也知道。后来的月考我只下降了两名，他们居然好几天都没露出一点笑模样，那种压抑的气氛让我透不过气来。我不怕下滑，继续下滑也许他们就习惯了；我只怕这次考试的成绩会提高……"

我拿着作文给丽丽父母看。他们一脸委屈，他们都读过大学，在"70后"中属于高学历，所以他们从来没有因为丽丽的成绩下滑而发过火，总是一边安慰孩子，一边想方设法把所有错误都搞清楚，避免以后再犯同样的错误。

"刘老师，你知道吗？学校的考卷是要收回的，为了让她知道错在哪，我去找班主任说了一堆好话，软磨硬泡地才让我拍了照。我又跑去打印出来，然后再上网找答案，自己先想明白步骤，不懂的还得问老师，这才给她讲。"丽丽妈妈一肚子苦水。

"还有我，我照着食谱，换着花样给她做一日三餐，我都成职业厨师了，她怎么就不满意呢，她还想让我们怎么样啊！"丽丽爸爸脸上写满了无奈。

我不否认丽丽父母的辛苦付出，也不能说他们的态度和方法有什么不对，但是孩子的个性不同、压力不同，同样的态度和方法未必适合所有孩子。家长们应该明确知道，自己的终极目的是什么。是一个个闪闪发光的分数，还是一个心态健康的孩子？同时，也要明白，青春期的孩子真正的需求是什么。不能一味地打着"全是为你好"的旗号来绑架青少年，更不能常常以"你该为未来奋斗"这种口号来给孩子施压。初中学科本来就多，老师的高要求、同学的相互较劲都使得"快乐的学习生活"很难真正快乐。再加上大考小考不断，现实点说，一进教室就能体会到空气的紧张。在这种压力下，"家"更应该是学生们的避风港，是使心灵能得到休憩的港湾。

现在丽丽父母虽然表面上没给孩子冷脸，但他们那种过高的期望是发自内心的，虽然没体现在语言上，却充分体现在了情绪上。情绪可是会传染的，当丽丽在学校过度紧张，回到家中更让她感觉到焦虑时，她就像一张拉得满满的弓，崩断也就在电光石火的一瞬间。

"那该怎么办啊？"丽丽的父母有点醒悟了，但是担心并没有减少，"她要休学，难道也听她的？"

"先听她的！"毕竟关乎孩子的成长，我经过一番深思熟虑后，建议先休学。家长也请几天假，学习上的事一句不说，带孩子随便去走走。不必去风景名胜，就是让她放松下来，当然，最好找一些亲子游戏做做。别看是初中生了，可她们最渴望的未必是长大，也许是童年。

丽丽回家了。家长把她的消息不断地反馈给我，父母领着她玩了两天，只字不提成绩和作业，她又开始有说有笑了。三天以后，她已经急着要回学校了。丽丽父母来了个"以退为进",非要她再陪爸妈玩几天,可是丽丽撑不住了,今天早饭都没吃就去了学校。听班主任发消息说,丽丽主动约了老师和同学要补课,而且听课的状态非常好。

丽丽妈妈说,她没想到的是,那天路过一家幼儿园时,看小朋友和家长在玩"三人两足",他们也参与了进去,丽丽居然能玩得那么开心,笑得比小孩子还开心呢!

丽丽爸爸说,他担心孩子没吃早饭,不知道该不该送到学校。

我告诉他,和身体需要食物的营养一样,孩子的精神也需要营养,所以,以后应该让家里的阳光多一点,家长不光要善于喂粮食,还要善于"喂"精神。

亲情 / 损益表

中午的阳光不错，我经常在教室门口摆张桌子，让阳光洒在作文本上，在这样的环境中批改作文简直是一种享受。

这一天，我正在"享受"着，却见下午班的几个七年级学生匆匆忙忙跑进来，大惊小怪的。"老师，你快去看看，就在马路对面，'雷宝宝'和他爷爷打起来了！"

学生口中的"雷宝宝"叫雷豹。刚上初中就长到一米八，是学校足球队的主力中后卫，人高马大倒也配得上这个响亮的名字，但却被同学改成了幼稚的雷宝宝。当然，这不是没有原因的，在初中班的男孩子中，除了离家远的由家长开车送，其余的都是自己步行或者骑自行车来上学，只有雷豹是由爷爷接送的。不管风吹雨打，爷爷骑着自行车准时来到作文班门前等待，看到孙子出来时，连眉眼都含着笑，而雷豹也心安理得地坐在自行车后座上，全然不顾其他同学的议论，"雷宝宝"这个名字就是这么来的。

有一次我和雷豹说："爷爷疼孙子是真心疼啊！老人家虽然身体还不错，但毕竟岁月不饶人，再说你长得也太高了，坐在自行车后面腿都要拖着地了。要不换个位置，你骑车带爷爷吧。"

我言外之意很明确，雷豹从小就被爷爷接送，但总不能被老人接送一辈子，他也该独立了。可是雷豹笑嘻嘻地把这话当成了耳旁风。我侧面和他爷爷聊了聊，老人一提孙子就一脸满足："不累，就当锻炼了。这孩子从小是我带大的，他自己走我不放心！"

作为作文老师，我能做的也只是善意提醒，毕竟不能强求别人改变什么，老人娇惯孙子我是有些看法的，但爷孙俩的感情却也是亲密无间的，怎么能打起来呢？！

我过去后，呵住雷豹，将他教训了几句。雷豹本来已经低下了头，谁知道他爷爷还自我"检讨"上了："刘老师，也不怪孩子，是我答应的没做到！"

这下，雷豹又来了得"理"不饶人的劲，冲着爷爷吵吵嚷嚷起来："就怪你！你答应得好好的，以后看我怎么相信你！"

原来，雷豹父母在外地工作，收入不高。他从小在爷爷家长大。爷爷是退休职工，条件虽然一般，但从来没亏待过雷豹。别人家孩子有的，雷豹肯定都有，不管吃的玩的用的，可以说完全满足。等到雷豹长大了，需求也越来越多，花费也自然飙升，但爷爷还是尽量满足，哪怕自己省吃俭用，也不能委屈了孙子。这一次，雷豹相中的是一款足球鞋，据说是"梅西同款"，网上要八百多，实体店上千。爷爷不会上网，到了实体店就心疼了，这么一犹豫，就没买成，才惹得雷豹和他大吵一架。

听罢，我不由地感叹，中国式家长总在无私奉献，哪怕自己再苦再累，也要不遗余力地供养孩子，不想让孩子经受半点委屈，因此"有求必应"成了孩子的固定思维。他们对家长的付出已经趋于麻木，家长事事满足的结果只能带来孩子进一步的索取，一味满足物质生活培养不出一颗感恩的心，一旦某一方面满足不了，他们立刻会忘了曾经的千百次满足，眼中全是这一次家长的"错误"。所以，有多少孩子一边理所当然地享受着家长的血汗钱，一边抱怨着家长们没有创造更好的物质条件——这只能说明父母的爱给的太多了。

经过考虑后，我把雷豹的爷爷也请到了作文班。趁着离上课时间还有半小时，我们一起做了个测试游戏，名字叫"亲情损益表"。让大家画个表格，把"学前班""一年级""二年级"……"七年级"等各个阶段填到表格里，再填入"收获的亲情"及"付出的亲情"。

雷豹是个反应快的孩子，他意识到这个表格和自己的行为有关，迟疑着不想配合。可雷豹的爷爷也许刚才伤了心，倒是愿意积极配合，再加上其他同学都比较踊跃，雷豹终于不情愿地拿起了笔。

片刻，我把表格收上来。念了几个真诚感人的例子，大家在"获得的亲情"这一栏填得都比较详细，但在"付出的亲情"一栏填得都不多，还有的就填了"考试考得不错"之类。雷豹的"收获"一栏写得也很全面，学前班的冬天，下了大雪，爷爷抱他回家时摔倒了，爷爷当了垫子，把他举得高高的；二年级时爷爷给他做肉吃，结果把手烫了好几个大泡；三年级时爷爷带他去看病，守了他两天两夜没合眼；五年级时他的鼻子做了个小手术，前后不到半小时，爷爷已经哭红了眼睛……

同学们都说写得不错，可雷豹"付出"栏居然是空白的，这让他有些惭愧。我再拿起雷豹爷爷的表格，表格上写着：学前班亲子运动会，孙子和我跑了第一；二年级时我第一次给他做红烧肉，他吃了一大盘子；三年级时他重感冒好了，谢天谢地；五年级时他的手术成功了，那是我最快乐的一天……雷豹爷爷把"收获的亲情"写得满满的，"付出"这栏只写了一句话："就是侍候孙子，没做啥大事"。

我把表格念给大家听，教室里安静极了，雷豹低下了头，而他的爷爷则有些局促，同学们最终把热烈的掌声给了雷爷爷，这让老人更加不好意思了。

那天我们正常上课，再也没提过雷豹和爷爷的事。放学了，爷爷照旧还是来接孙子，我在门口听雷豹说："那鞋太贵了，等'双十一'上淘宝看看，便宜了再说……"

我笑着看着这祖孙俩离开，似乎爷爷想骑车带孙子，但雷豹回头瞄了一眼作文班的同学们和我，没有坐车。

我更希望，下周看到他时，他能自己骑着车来。

"限时令"
限制了什么

孙小帅是个可爱的男孩，六年级的他个子不矮，却长着一张娃娃脸，笑眯眯的挺有礼貌，老师和同学也都挺喜欢他。

孙小帅也不是什么时候都快乐，一旦进入了写作环节，他立刻抓耳挠腮、坐立不安，不是问开头就是问结尾，再不就是问一些小学三年级以下的简单汉字。我虽然多次提醒他，写作是需要自己完成之后再由老师指点修改的，所以开头和结尾都要自己动脑子想。可是，孙小帅仍然磨蹭拖沓。他的基础还可以，也能完成作文，但花费的时间太长，其他同学都在三十分钟内交上来，而他常常需要一个半小时。

这样的情况太多了，等到孙小帅的妈妈来接孩子时，我便和她沟通了一下。这位母亲倒是司空见惯了，不慌不忙地说："这好办，下周他就会按时完成！"

看她胸有成竹的样子，我认为她一定有什么好的教育方法，毕竟"知子莫如母"！

果然，下周的作文课，孙小帅听我布置完作文以后，眼睛盯着桌面，似在思考，然后就"唰唰唰"地动起笔来。在我意料之外的是——他竟然在半小时内完成了作文，这可是破天荒的一次，简直太神奇了！正在我又惊又喜之时，几个同学围着孙小帅的笔袋说说笑笑，就像看着了一件稀奇物件。待我走过去观望才发现，笔袋上贴着一张小纸条，上边写着一行字：限你三十分钟写完，否则后果自负！

看来，促使孙小帅在规定时间内交上作文的原来是这个"法宝"！再看他写的作文，错字明显比平时多，语法和标点也有问题，速度是上来了，可质量却不如以前了。我提了几条建议，让孙小帅重写一篇。可他却撇着嘴恳求我说："老师，你可千万别让我重写，否则我妈不会放过我！"

原来，孙小帅小时候在外婆家长大，吃饭都是边吃边玩，等到上小学以后回到了妈妈身边，他已经养成了习惯——写作业也是边写边玩，一张火柴盒大小的碎纸片也能玩得不亦乐乎。妈妈纠正了几次不管用，干脆下了"限时令"——每晚七点之前必须做完作业。过了七点马上装书包，即便只差一行字没写完也得停止，至于第二天老师怎么惩罚由自己承担。久而久之，孙小帅已经有了条件反射，一接到"限时令"马上运笔如飞，不敢有丝毫停顿。

下课后，我和孙小帅的妈妈交流了一番。我觉得，孩子幼年的生活习惯确实影响了学习习惯，使他做事不够专注，学习主动性不强。但家长在培养孩子养成良好的学习习惯时，应该有足够的耐心和科学的方法，如此限时就太过简单粗暴了。表面来看孩子的作业写得快了，他也懂得了要为自己的行为负责任，但这种短暂的"效应"也让一些家长走入了误区——坚信"限时令"效果明显。

实际上，"限时令"限制的不只是孩子的时间观念，还有他们自由飞翔的翅膀。孩子在接到命令后是恐惧的，是无助的，整个写作业的过程对他们来说就是"恐怖之旅"，因为自始至终他们想的都是"超过限时令的后果和惩罚"。有这种恐慌心理的孩子，注意力明显是分散的，作业和习题的准确率肯定是不高的，甚至为了不超过限定时间，他们会偷工减料或者打小抄。也许他们还会因此焦虑不安，连睡觉都不踏实，也有可能直接影响第二天的听课效果……

当天听完我的建议，孙小帅的妈妈若有所思，但她还是坚持自己是针对孙小帅的自身特点而制定的"限时令"，现在看写作业快多了，证明方法得当。她认为，每个孩子的情况都不相同，对付孙小帅这样坐不住凳子的孩子，就得限时完成。

我无法改变家长的决定，我只能尽量提出合理的建议，"还是应该多点耐心，根据作业的多少调整'限时令'，遇到孩子不懂的题要提供帮助，看孩子写的时间长了适当放松……"

后来的一段时间里，孙小帅仍处于"限时令"中，作文质量始终不高。我针对这种情况，也写了一张小纸条，给孙小帅延长了十五分钟，这也限时，但限他四十五分钟内完成。这让孙小帅放松多了，作文也提升了一些。但接下来的月考和期中考试，孙小帅的各科成绩都明显下滑，连上课的时候也经常无精打采。

有一天，我意外发现孙小帅笔袋上的"限时令"不见了，那天他也露出了久违的笑容。放学后他妈妈来找我，又问了问那几条建议，她想取消"限时令"，调整一下教育孩子的方式。

看着母子俩肩并肩走向了马路对面，我由衷地希望，不再受限的孙小帅能够开心、放松、有序地学习和生活。

顾影自怜与 / 日记的衍生

　　中学生小飞今年十五岁了，多才多艺，能歌舞善画画，更是个感性的女生，时而风风火火，时而沉默寡言。从她写的作文来看，小学阶段她是班里的组织委员，不管大小活动都组织得热热闹闹，连老师都说她将来适合当主持人，但中学之后学业加重，活动减少了，因此她特别怀念那段童年时光。

　　小飞最近写了篇作文，题目化用了曹操的《短歌行》中"何以解忧，唯有杜康"，她命题为"何以解忧，唯有'日记'"。她的文笔着实不错，充分表达出了成长中的迷茫、内心的苦闷，无可诉说时，将心事寄托给日记。我正由衷赞叹时，不料结尾风格突变，冒出了一句不伦不类的话，"当然，日记固然能解忧，但也得提防他人窥探，相信今天，偷看日记的人会露出一个惊讶的表情"。

　　这就像欣赏一幅清雅秀丽的山水画，在画的尾端蹿出一个冒着浓烟的黑烟囱。这结尾明显是"画蛇添足"，把一篇上好的中学生佳作，完全给毁了。小飞已经下课，我只能下次上课找她聊聊，也许这孩子有难言之隐，但个人的过激思想还是不宜带到作文中来。

两天之后，小飞的父亲联系我，要见我一面。见了面，他把手机中的照片让我看——在一页日记本上，赫然画着两个撬锁头的小偷，蒙着面只露两只眼睛，但从头发长短看，明显是一男一女；旁边还附有一行小字：撬门锁可定位为"偷窃"，那么撬"心锁"怎么定位？

"你们……翻看她日记了？"话到嘴边，我还是把"偷看"两个字，硬生生地换成了"翻看"。

小飞爸爸有一点尴尬，轻咳了一声。他说小飞从小虽然有泼辣的一面，但对父母还是言听计从，有什么事会抢先跟家长说，上了初中之后，话越来越少，笑声也不如以前多了。后来父母发现小飞在偷着写日记，有时候会对着日记本沉思，有时候还会对着日记本莫名其妙地笑，每次写完都会锁在抽屉里。他们也是担心女儿成长阶段会遇到什么麻烦，比如厌学，比如早恋，于是就暗中配了把钥匙……

他们以为看完后完整地放回原处，神不知鬼不觉的，谁料想前天再打开一看，就发现了这幅图。现在，小飞回家后冷着脸，不言不语，有时候把门"砰"地一关，晚饭都不吃，躲在屋里吃零食来充饥。父母曾尝试着沟通，但她不理不睬。这下，小飞母亲彻底伤心了，哭了两天，说花钱培养孩子学画画，培养出一个"仇人"来……

我看眼前这位父亲的脸上写满了懊悔、自责、不甘心等多种神情，忙安慰他先别激动，让我们来认真思考一下，家长通常只关心孩子日记里有什么内容，但有谁真正关心过他们为什么要写日记呢？

当一个儿童步入青春期后，就成了少年。少年人一向自我感觉良好，他们对世界和人生有了更深刻的认知，他们会发现父母的言传身教不一定全是对的，家长的观点有时候甚至是落后的、可笑的，这种质疑产生得越多，他们越会以自我为中心，认为自己的思想才是最进步的、最潮流的，他们意兴飞扬，认为自己无所不能。而这个时候的少年也注定是孤独的，是寂寞的，父母难以理解自己，有什么苦闷和父母说了也是白说，无非换来一套说教；朋友有的幼稚，有的嘴巴快，容易透露给别人，那干脆就不说了！当他们认为这个世界上，只有自己说给自己才是最心安的时候，日记便应运而生了。

青春期的"顾影自怜"，必然带来太多的苦闷和不满，太多的压抑和怀疑，都会在日记里直抒胸臆，毫无保留。

小飞现在已经知道了自己有隐私权，有尊严，当父母不顾她的尊严来窥探她的隐私的时候，她会有一种受辱的感觉，表现出的冷漠态度也是因为父母不够尊重她。但我了解这个孩子，她还是比较阳光的，有感恩之心，这幅画只算个表达"不满"的方式，也不必太过于担心，就当是个冷幽默吧。但是家长也要引以为戒，私看孩子日记也是对孩子的不信任，这个世界上父母是孩子最亲的人，如果父母都怀疑她，那她也会不再相信自己，没了自信的少年人，更容易走向叛逆和极端。

后来，小飞的父母做了反思和自我检讨，将那把偷配的钥匙放到了小飞的桌子上，下面压了一张纸条，画了两个蒙面人在说："下不为例。"他们告诉我，小飞的态度好了些，但总还有些别扭。

下个周末，完成作文后我留下了小飞，问她："假如有人说，你父母到朋友家做客，偷翻了人家小孩的日记，你怎么看？"

小飞一怔，随即眼睛一瞪："那绝对不可能，我爸妈是有文化的人，他们才不会做出这种事！再说，人家的孩子写什么，关我爸妈什么事？"

"哦，"我话锋一转，"你说得多正确啊！人家的孩子写什么，他们不会关心也不会偷看，但他们却偷看了你的日记，这是为什么？"

小飞这才明白过来，脸一红："老师你都知道了，你不用说了，我知道都是为了关心我，那我也得有隐私吧！他们就是不对！"她一看我还要说教，马上又补了一句："老师你不用说了，我原谅他们了，因为他们是爱我才这么做，对不对？再说，日记里真没什么，只记录了一点琐事和看法，我爸妈就是想得太多了！"

我给小飞讲了一个鞋匠的故事。老鞋匠修了一辈子鞋，工具随手往路边的箱子里一放，从不上锁，也从没丢过东西。徒弟接手后，马上给箱子安了把新锁，结果里面的工具全丢光了……

小飞是个聪明的孩子，她立刻领悟了："从今天起，我的抽屉也不锁了——不，我就把日记摆在桌面上！"

我欣慰地点了点头，拿出了一本精美的日记本："给，这是对你那篇《何以解忧，唯有"日记"》的奖励，有家作文刊物的编辑看了，说这篇不错。不过我特别想知道，你是如何得知父母翻看了你的日记本？"

小飞接过奖励，眼角绽放出笑意，像小鸟一样飞了出去，一路笑一路说："我在日记本边上夹了根头发……"

我脑袋一晕，这孩子真是古灵精怪，"007"电影看多了……

曾经年少 爱追梦

　　微信上发来一条消息，中学生佳航的家长留言，想知道他在作文班的课间买不买零食。因为最近，他每天都跟家长要零花钱，这可是以前从未有过的。

　　我知道，如今的家长不会在乎孩子的零花钱，班里不少学生都有自己的"小金库"，买点自己喜欢吃的喝的玩的用的都不需要多想。而佳航是个比较内向的男生，读课文的时候声音比女孩子还小，多看他几眼都会脸红，对于这样的"乖孩子"家长不怕他花钱买零食，怕的是他要了钱不会花。

　　他还真没有花钱，在我的印象里，当别的孩子在课间纷纷去买小食品的时候，佳航就在教室里安安静静地看书。一个学生频繁要钱却不花，这就不符合逻辑了。为了稳妥起见，我在第二天课间的时候有意无意地问了佳航："咦，这么好的阳光怎么不出去晒晒？"他一如既往，腼腆地一笑，不说话。我故作惊讶:"哦,出去怕看到他们买吃的?你……"

这下,他沉不住气了,急忙解释:"老师,不是的,我带了钱,不想吃,也没吃零食的习惯!"

我和佳航的家长沟通,虽然在作文班的课间没有买零食,但也不能就此认定孩子拿着钱去做了不当的事,我还是相信这个孩子的。家长也认为很蹊跷,他们决定再观望一下。

随即,"负面"消息一条条传来。

两天没给佳航零花钱,他第一次和父母板起了脸。

又一次要钱未果,居然跑到姥姥家要了一百块。

他还找舅舅和姑姑要过钱。小道消息说,他还要向同学借钱。

终于,佳航的父母在他的床下翻出一张银行卡,严加盘问下,佳航终于"招供"。这张卡里已经有一千多块钱,他准备攒到三千左右,将于春节期间和好朋友一起去省城,参加某明星的演唱会。

佳航的父母拿着卡来找我,看样子都要崩溃了,他们没想到平时乖巧的孩子这么有"主见",瞒着父母要去追星了。

我问他们要怎么办,他们的意见倒是统一:钱款没收,追星的图片销毁,再联系各科老师严加管教,打消这些不现实的念头,决不能让他擅自"离家出走"。

我沉吟着:"那样的话,你们不是挽留孩子,是在往外推他呀!"

心理学上说"对偶像的崇拜是青春期心理需要的反映,是孩子在青少年时期重要的心理特征之一。青少年追求个性解放，向往自由的生活，在充满幻想的年纪，青少年距离成功还很遥远，他们很容易把自己不能实现的愿意寄托在那些被鲜花和掌声包围的明星身上。"像佳航这样的青少年，总会希望通过模仿、崇拜明星来改善自己的言行举止，借明星的荣耀来定位自己未来的价值，幻想自己渴望的成功。

追星是青少年中的普遍现象，但外向开朗的孩子往往浅尝辄止，嘴里津津乐道，心里未见多痴迷；恰恰就是佳航这样的内向腼腆的学生，嘴上不说什么，可心里的信念却很执着。他们在外向的学生面前缺乏自信，缺乏存在感，如果能去现场观摩演唱会，与当红明星近距离接触，他们会认为拥有了属于自己的追星经历，并渴望从中得到别人的羡慕，从而满足炫耀心理，同时也希望通过这样的方式与别人产生共鸣，拥有更多的朋友。

正是因为佳航有着过多的渴望，所以才不顾一切地攒钱，这时候把"梯子"抽走了，那对于他来说，是巨大的打击。

佳航的父母听取了我的意见，他们把卡还给了佳航，还答应为他提供帮助。当然，我不鼓励两三个十几岁的学生这样追星，但凡事得讲方法；再者，追星不算过错，总要正确引导。

找个机会，我出了个初中课内作文题，题目叫"我也追星"。写作之前师生间探讨了一番，大家纷纷谈了谈各自喜欢的明星。也有学生要我谈谈，我当然要借题发挥一番。曾经年少爱追梦，我上高中时喜欢上了意大利足球明星罗伯特·巴乔，被他在赛场上那头飘逸飞扬的小辫子迷得神魂颠倒，为他在1994

年世界杯赛场上踢飞点球的落寞背影泪流满面，为了偶像我还想留一头小辫子，结果被校长揪住下了"最后通牒"。后来，2008年的时候巴乔为了奥运公益活动来过中国，我还想着去见上一面。

"那你去没去？"佳航的眼神亮了，他也难得地主动发言。

"唉，别提了，我设想了见面的场景，结果没去成！"我随机应变，让佳航模仿巴乔，让其他学生模仿粉丝来追星。几个小女孩倒是机灵，抖动着作文本当鲜花，嘴里喊着"巴乔巴乔你最帅"，她们让佳航的脸变成了西红柿一样；那几个淘气的男孩则过分夸张，有"哭天抹泪"喊巴乔的，有"张牙舞爪"索要签名的，有装作保安维持秩序的……大家笑了一场。我有意无意地看着佳航说："据说现场有七八万粉丝，个个生龙活虎，像老师这样的老骨头只能被踩在脚底下了。巴乔是见不着了，北京医院的骨科大夫倒是能见到几个……"

同学们又笑了起来，我看课堂气氛轻松，就继续说："刚才大家的表演有点浮夸，当然老师也有夸大其词之嫌，其实取消北京之行另有原因。谁不想和偶像面对面呢？能在现场感受偶像的风采，听听他们的声音，该是多么美妙的事。"

我明显感觉到，包括佳航在内的几个同学眼神都亮了，听得都非常专注，这已经触发了他们的共鸣，我就可以适当"转折"了。"可是同学们，追星也要有分寸，不管是成年人还是青少年都不能无度追星，否则岂不成了'过度崇拜'了吗？我确实认真地考虑过去现场迎接巴乔，也做了计划，然后却发现那时正值旅游高峰，此行的费用较多；而且，那段时间我家孩子准备冲刺重点中学，也需要我时时照顾；还有就是，我得请假、停课，更怕耽误学生们的期末复习……"

我停下来，喝了口水，看佳航等同学并没有对我的种种"借口"提出异议，便接着说："也许有些追星族会认为偶像高于一切，但有理性的人会更懂得家庭、生活、事业、学业更值得我们为之付出。假如因为一次固执的追星影响了太多重要的事情的话，即便见到了巴乔，我的内心也是极为不安的。巴乔的顽强意志是激励我努力前进的精神动力，却不是让我一意孤行的理由。如果我背离了这一宗旨，就算是和偶像见了面，又有何意义！"

"每个明星都有其不同的奋斗历程。作为曾经的追星族，老师希望你们理性追星，因为积极向上的明星有可能给你们带来前进的动力；但我反对你们过度追星，因为过度追星会严重影响生活和学业，往往得不偿失。"

我的最后总结让学生们若有所思。那一篇作文佳航写得不太顺利，但我能看得出来，他在反思自己。

转眼间，春节到了。佳航的父母说，那张卡里他们给凑够了三千块钱，但佳航取消了去现场参加演唱会的计划。经父母同意，他把钱拿出来自我支配了，给父母和长辈们都买了礼物，给各科老师也都买了小礼品，还单独给我这个作文老师准备了一瓶酒。

而且，让我没想到的是，佳航父母搜集了一些孩子崇拜的明星的资料，还下载了一些明星的专辑，与孩子有了共同话题。他们惊喜地发现，佳航追星并没有影响学习，成绩反而有所提高。

对于我来说，这件事让我感受到了"可怜天下父母心"，同时也感受到了一种莫名的欣慰。

搬起石头 没砸脚

"老师，帮我拧一下瓶盖。"课间时，经常有几个女孩拿着矿泉水瓶子来找我"求援"。我对她们说："如果在沙漠里，你只有这一瓶水了，你怎么办？"

她们不会说"使劲拧"，而是会调皮地告诉我："还能怎么办？找老师呗！"说完就是哈哈大笑，照旧把瓶子递过来。有几次我不管，非让她们自己拧，于是她们就用力去拧，结果多半拧不开。为此我暗自叹息，这些孩子在家什么活儿都不干吧。她们可不是一二年级的小娃娃，六年级的七年级的连瓶盖都拧不开，不禁让我想起了古时候形容文人柔弱的"手无缚鸡之力"，现在可好，"手无开瓶之力"。

我以为只有几个女生如此娇气，但万万没想到，有一次立新递过来一瓶水，让我帮忙拧开。我看着他哭笑不得——立新可是位胖乎乎的七年级男生，居然也拧不开一瓶水？看到我的夸张表情，再加上旁边几个同学在等着看笑话，立新不好意思了，他收回了手使劲一拧，"滋"的一声，瓶盖自然开了，可用力过猛，水喷出来溅了他一脸，又惹得周围的人捧腹大笑。

我给一脸尴尬的立新递过去纸巾，叹了口气说："锻炼锻炼身体吧，你可是个男子汉，将来要做顶梁柱的。"当天，立新红了脸，眼泪都滚了出来。我觉得他有点矫情了，可后来才知道，我那番话无意中触碰到了他内心的伤痛——他是单亲家庭，和体弱多病的母亲一起生活，母亲也多次说过希望他当"顶梁柱"的话，结果他连一瓶水都没拧利索，怎么能不让他有所感触呢？

打那以后我对立新就多了一些关注，得知他的妈妈虽然身体不太好，但对这个孩子却是百依百顺，饮食也不加节制，所以立新从小就是个胖孩子，加上不爱锻炼，所以身体虚弱、行动迟缓，体育就没及格过。我和立新妈妈谈过几次，给她讲了青少年过于肥胖可能会影响发育，而且也容易被同学嘲笑，产生自卑心理。可立新妈妈却自有一番道理，孩子长得高高大大，发育良好；孩子成绩不错，谁嘲笑他就是嫉妒；最主要的是立新父亲不在身边，当妈的不能让孩子受委屈。

转眼间立新到了八年级，有一阵经常请假缺课，听同学说他妈妈病了，需要他照顾。有一天，脸色憔悴的立新妈妈突然来到作文班，额头上还有一块瘀青，看样子病得不轻。她一听说立新没来上课，立刻拿出手机不知打给谁，只听她喊了半天，放下电话时眼泪汪汪，"这下可坏了，这下可坏了，他跟志军混一起去了！平时我惯着他，没想到惯成这样，这不是搬起石头砸自己脚，我还有啥盼头啊……"

我仔细询问，才知道志军是学校有名的"混混"，倒不是那种惹是生非的坏孩子，只是家里是包工程的，条件优越，他也不爱学习，经常上网吧，考多少分家长也不过问。立新居然和他一起玩，居然为了他而逃课？难怪妈妈急成这样。

我让立新妈妈冷静下来，然后又详细问了问。她说志军什么课都不补，就是在工地上厮混，她听说立新最近经常出现在工地上，简直不敢相信自己的耳朵。我也纳闷，但还是劝她回去先养好身体，先不要轻易发火，等了解清楚再说。

放学后，我看天色还早，按照立新妈妈说的地点就找了过去，工地上人来人往，我几番打听，还真打听着点消息，在里面左拐右拐，磕磕绊绊地走到了几幢简易房附近，远远地就听见一个少年在笑的声音，"笨蛋，白吃这么胖，一点劲儿都没有！"

我心里一动，循声过去。天啊，立新正在吃力地搬着大半袋水泥，挪动着臃肿的身子，可走不了几步，手一松，水泥袋扑通落下，险些砸了他的脚，惹得旁边一个高瘦的少年又一阵大笑。我看着立新喘着粗气，又要哈腰去搬，不禁大吼一声："好啊你！逃课来当童工，你可真有出息！"

立新回头一看到我，吓了一跳，刚想解释，我早已经控制不住了，上前一扯他说："你知不知道，你妈妈都要气死了！你到底欠了网吧多少钱，还是欠了别人的钱，要打工还债？"不由分说，我就把手机掏了出来，要给立新妈妈打过去。

立新急得脸红脖子粗，居然上来和我争抢手机，这一抢之下我才发现，这小子力气不小呢！老师和学生在工地上撕扯也不像话呀！我干脆把手松开了，让他抢去，手机也不要了，我要去找立新的班主任，非得好好收拾他不可！

立新哭了出来，旁边的志军也过来拦着我，"老师，不是这样的！"

"不是这样？还能怎么样？"

志军也快急哭了，但他还是抢着把话说了。原来我们都误会了立新。

上个月立新的妈妈病倒了。连病床都爬上不去，立新想把妈妈抱上病床，结果没抱住，反让妈妈摔了一跤，额头都磕出了一个大包。立新万分自责，又一次想起了"顶梁柱"这个词，更是无比愧疚。加之，同病房的是位老奶奶，看着人家的儿子背着老人出来进去地化验和检查，他小小的心里更是添了一层忧愁——将来妈妈老了，真要不能动弹了，自己能这样背来背去吗？

孩子的思维和想象力总是丰富的，他就这样找到了同学志军，把想法一说。志军说这是孝顺的事，必须支持，就把立新带进了工地，让他搬水泥来加强锻炼。第一天他只搬了二十斤，没走几步就脱手了，现在他能搬六十多斤了……

那一天，我亲自把立新送回了家，对他妈妈说，这是我见到的最好的学生。虽然他孝顺的方式不一定是最正确的，但他的孝心却是无比可贵的。同时，立新也给我们这些老师和家长上了一课——不要片面和武断地来给孩子的行为定位，有时候他们比大人还要懂事。

临走时，我告诉立新："以后的作文课不要缺课，等放了学，老师领你找个更安全的地方，咱们一起'搬水泥'去！"

立新诧异地看着我。我笑了，"没什么，刚才和你一'过招'，觉得自己也需要锻炼了，因为我也有老人要照顾！"

你怀疑，
我"报复"

"嗡嗡嗡……"二十多只绑着"定时炸弹"的"小蚊子"在教室里飞来飞去。我对学生们说："你们今天反常啊，不认真写作文，在下面嘀咕什么呢？"

学生们七嘴八舌地告诉了我一条消息，这可真是颗"炸弹"，轰得我一时半会儿都没"苏醒"过来。什么？宇俊考了班级倒数第三！不可思议！

宇俊两个月前暂停了作文课，费用没有退，家长说他太累了，歇段时间再来。在我的印象中，小学时他是一位品学兼优的学生，到了初中后的两次考试都是班级第一，且进了年级"大榜"前五名，听说班主任把他视作重点培养的尖子生，更是学生眼中的"超级学霸"，短短两三个月，怎么可能突然"掉"到倒数第三？不可思议！

我比较关心这个孩子，于是下课后联系了宇俊的家长。宇俊爸爸反复说着"要放弃了，没有希望了"之类的话。看他的情绪如此低落，无法顺利沟通，我只好改问宇俊妈妈。她倒是把情况说清楚了，大概三个月前，一向努力学习的宇俊突然变了一个人，在家不写作业，在校不认真听课；老师的批评教育只当耳旁风，家长耐心劝导换来的全是顶撞；更让他们震惊的是，宇俊的房间里还发现了白酒瓶子……

我简直像是在听《天方夜谭》。这事不对，不符合客观规律的有序发展。按说宇俊的突然变化不可能没有原因，找到原因才能解释他为何自暴自弃。按常理分析，他可能是受到了某种伤害。

宇俊父母都说，也曾经进行过反思和商议，他们都比较宠爱孩子，以前从来没有对孩子拳打脚踢过，即便是看到他这样之后，父母气急了也没动过手，最多狠骂了他几句。难道是骂得太凶了？

我否认了这条，这件事一定是发生在宇俊挨骂之前，而且这件事一定是比挨打挨骂更让人难过。肯定是伤心了，再想想……

我到宇俊的房间时，是拎着一瓶白酒进去的。他本来想扭过脸继续玩手机，一看我手中的白酒又把头扭了过来。我晃了晃酒瓶子，说在路上买的，三十年陈酿，别看外包装土气，但酒味绝对是地道的。我们俩就喝酒聊天，我给他讲了很多喝酒的故事，有得到过的快乐，耽误过的正事，出过的很多丑。

看他听得饶有兴趣，我话锋一转，"第一次喝醉，是高三。

当时快高考了，晚自习时灯管突然灭了，我就主动去修灯管，要给班级复习的同学带来光明。结果，眼看就要修好了，班主任进来看到了，不由分说，就指责我搞破坏，还说就是我把灯管弄坏的。那天晚上我喝醉了，心里憋屈，少年人不怕苦不怕累，就怕别人冤枉自己、不相信自己。"

宇俊听着，跟着义愤填膺起来，态度激烈地发表了一些观点，接着就沉默了，眼圈又有点红。我自然知道为什么，来之前已经和家长捋清楚了，几个月前的小长假期间，宇俊父母外出旅游，委托家政公司的钟点工照顾家里。结果在开学时，宇俊没有交上作业。他解释为早写完了，可能是房间太乱，钟点工阿姨打扫房间时当废纸收走了。可班主任认为这是借口，在班会上点名批评，还暂停了他的学习委员职务。回到家他跟家长说了委屈，父母问了钟点工，结果人家说没印象。父母也怀疑宇俊是否真写了，特别是联想到前阵子奖励了他一部手机，难道是趁着父母外出在家迷上了游戏？

就是从这天起，宇俊开始放弃了自己。

心理学上讲，学生个人的不正常行为极可能是家庭功能失调的表现。作为老师同学眼中的佼佼者，宇俊已经确立了自己在班级里的"地位"，一旦这个地位被无端打破，青少年的尊严也会因此受到严重挫伤。这个时候，家长再用怀疑的态度来对待，等于是雪上加霜，这让宇俊感受到了自己很不被尊重和信任。当一个少年觉得绝望的时候，很容易产生极端的"报复"心里。他们通常会这么想，"好，反正你们也不信任我，那我就让你们看看什么叫坏孩子吧！"

从这件事上来看，老师的处理过于草率，但父母的怀疑则是宇俊和家长关系变差的根源。因此，现在就不是怎么开导宇俊的问题了，而是所有家庭成员都要进行反思和改变。

那天，我和宇俊没有谈及他的"作业事件"，他却很关心我后来是否迷上了喝酒。我告诉他，喜欢喝酒是参加工作以后的事，高三醉了一场以后，我反而更加努力学习。不要奇怪，想要洗清老师的无端冤枉，我就得做到更强更优秀，用事实让他为自己的不当言行而后悔。我绝不会让自己成为一摊烂泥，那样只能让更多的人看笑话。

看宇俊欲言又止，我却没有继续聊他想说的话题。"心病还得心药医"，虽然宇俊的过激反应可以推断出他确实完成了作业，但是毕竟是口说无凭，说再多也难以解决实质问题。后来，宇俊父母找到了家政公司，通过和钟点工协商，终于在她的杂物袋子里翻到了几本家庭作业……

一个星期后，宇俊出现在作文班，上课时又恢复了以往的专注，下课时更是拿着落下的各科课本，追着同学来问疑。我不用问那件事的最后结果了，因为我看到了这个少年的眼神恢复了明亮，同时，更多了一份自信。

未若柳絮 因风起

　　小学作文班下课后，下一个班是初中的课。这两周，我发现刚上七年级的小双总是来得特别早，而且她每每看着下课的小孩子们蹦蹦跳跳地出去，或者拉着家长的手说说笑笑，或者几个伙伴边走边闹，便流露出羡慕的目光，尤其是这周，居然还多愁善感地长叹了一声。

　　"哟，你这孩子长大了，有心事了？"我开着玩笑说。小双从二年级下学期就跟着我学作文，那时候满脸稚气，个子还是全班最小的，说话也是娇滴滴的，同学们都叫她"洋娃娃"，现在可好，刚上初一就"蹿"到了一米六八，都超过了当初笑她矮的同学。这可真应了那句老话："有苗不愁长！"

　　我们师生在一起相处五年多了，有感情，说话也随便。我指着那些无忧无虑的小学生回忆着，小双来的时候也是这么"萌"的，只要老师说写跑题了，她就会哭鼻子。三年级胆子就大了点，但还是不敢反驳老师；四年级时变得开朗了，也敢于向老师提出质疑；到了五年级，小双第一次尝到了戒尺的滋味——她拿了个红外线的小灯，在上课的时候偷着照同学。

"那次不教训你不行了，但也没使劲打，你是被吓哭的！"我们回忆起了这个情节，小双终于笑了，但随即又叹了口气。我这才发觉，这孩子真的有些郁郁寡欢的样子，不知道遇到什么事了。我决定打个岔，分分她的心："咦，赵大歌星怎么没和你一起来？"

说起这"赵大歌星"，是作文班的活宝，经常在课间休息时一展歌喉，那调门据同学们说都能跑到"太平洋"去了！他和小双从小一起长大，上同一家幼儿园，小学在同一个班，初中虽然不在一个班了，但在同一所学校，而且两家住在同一个小区，两家家长也都是好朋友。小双本来和他一起上课一起放学的，这几周似乎有变化。

果然，一提赵大歌星，小双的眉头皱得更紧了，嘟囔了一句"烦死了"。还没等我追问，小双居然问我，还有没有其他的初中班，她想换个班，不想和赵大歌星同班上课了。

怎么了？好好的朋友变成了这样！老邻居再加上老同学，从小玩到大的伙伴，友谊的小船说翻就翻了？

小双没有正面回答我，但眉宇间更显忧心忡忡。接下来学生们陆续来了，后来的赵大歌星也是板着脸，见着小双更是把脸一扭，两个人都不看向对方。

那堂课两个孩子心事重重的，我在放学后分别给两家家长留言，想了解一下情况。结果却不是我想象的那样。原以为是两个小家伙闹矛盾了，没想到竟然是因为在学校传出了"绯闻"！有部分学生渲染两个人一起上学、一起放学，形影不离，感情好得不得了。还有人更过分，说两家从小定了"娃娃亲"。在这两个刚刚成长的孩子心里，这些谣言像蛾子身上的斑点，阴暗而邪恶，而且越解释传言越多，他俩怎么能承受得了呢？小双家长说，孩子上课时都如坐针毡，感觉前后左右都是嘲笑的目光。赵大歌星家长说，两个孩子都是名列前茅的，可以说是品学兼优，可受不了这些谣言，他们甚至都动了转学的念头了。

我安慰他们，这都不算什么大事。在小学六年级的时候大家还比较单纯，男生女生一起上学放学没人会觉得有什么，但六年级毕业和七年级开学只隔了两个月，想法就变得复杂了。这是因为无论什么时代，同龄孩子总有特别早熟的，青春期的萌动让他们产生了很多莫名的好奇心，他们关注的目光不再只是书本上的内容，更多的是以往不曾关注的那些层面。男生女生间的异性交往就是他们喜欢关注的一方面，经过"杜撰""夸张""渲染"等手法编造出来的"新鲜故事"会引发身边同学的兴趣，从而他们会乐此不疲地传播着谣言，期待因此获得更多关注的目光。

这件事过去了一个星期，小双和赵大歌星一起来找我，他们很严肃地拿了一份声明书，上面有双方家长的签字，证明了这两个孩子人品端方、心地纯洁，在一起互相帮助、共同进步，绝对没有任何过分行为，更不存在所谓的"娃娃亲"。听小双说，准备要到班会上朗读的，来证明两个人的清白，制止那些谣言的泛滥。我拿着证明，几乎笑出声来，多可爱的两个孩子啊！

我告诉他们，越解释谣言越多，那就比如有人搞恶作剧吓唬人一样，也比如有些大人喜欢讲恐怖故事吓唬小孩子一样，被捉弄的对象反应越是强烈，实施者越有"成就感"。如果你搞了三次恶作剧对方仍然麻木得一点反应没有，你绝对不想再做第四次；如果你讲了三个恐怖故事对方仍然在笑嘻嘻的，你肯定不会再讲第四次。所以，这份证明不念则可，谣言止于智者；一旦在班会上念出来，那可就是"欲盖弥彰"了。

心地无私天地宽！我经历过一些类似的情况，多数人选择反驳、解释；小部分人选择沉默，但这都不能让谣言尽快消失。有几个学生之所以热衷于制造小双和赵大歌星的谣言，其一是两个人的成绩都是拔尖的，品质与个人修养也是有目共睹的，在一起共同学习、相互帮助又起到了良好的促进和互补作用，有些人对"完美"的同学不太服气，看到"佼佼者"的尴尬会找到一些自我存在感；其二就是造谣有了效果——两个人在意了，上学放学不再一起走了，碰面时的神态不自然了，说话都在有意地回避着对方了，这也会让"造谣者"暗暗得意，至少认为两个人"心虚"了。

那怎么办才对？看到他俩困惑而迷茫的眼神，我提出了自己的观点——明人不做暗事！既然咱们心里无愧，干脆让一些行为更加透明化……

经过沟通，两家家长都表示要密切配合。那段时间，两家家长充分地利用了微信朋友圈的功能，大量地上传两家人在一起聚会的快乐场景，同时也上传了一些两个孩子一起探讨、一起学习的照片，并且点明，这种类似"学习小组"的方式，可以达到取长补短、事半功倍的效果，而且两家家长也省了不少心。

而在学校，小双和赵大歌星又恢复到从前那样，一起上学，一起放学，谈笑风生。谣言仍然会有，但两个人不再解释，一笑置之。

这样大约过了两个月，初一上半年的期末考试结束了。有一天小双哼着小曲来了，我问她："心情不错啊，有啥高兴事，说说。"

小双得意地一笑："老师，我和赵大歌星这回都进步了，都进了年级前十名！"

"怎么样，造谣的还有吗？"

小双想了想，才说："好像少了吧，你要不提我都不记得了！"

我欣慰地点点头，来了一句："'谣言'纷纷何所似？撒盐空中差可拟。"

小双脱口而出："未若柳絮因风起。"

所以，轻浮的柳絮是站不住的，能站得牢的终究是柳树，因为根基扎实。

自家的月亮
更亮堂

　　超豪是同学家的二宝，上面有一个姐姐已经上了大学，同学夫妻两人到中年，做点小生意，收入不算高，但对这个二宝那是宠到了极点，课余把"围棋""吉他""跆拳道""美术班"都报了名，生活上把超豪这"小少爷"侍候得可谓是"衣来伸手、饭来张口"，这种情况在许多中年得子的父母中并不稀奇，稀奇的是同学两口子在超豪上初中的时候"幡然醒悟"。他们意识到超豪在学校做题超慢，理解能力和反应能力都比其他同学差一截，各科成绩不理想不说，连体育课成绩也排在倒数，跑步甚至还落后于几个柔弱女生。他们这才忽然意识到，自己家的孩子成了"弱者"。

　　痛定思痛！他们加强了对超豪的"管制"，制定了一系列的规章制度，基本上取消了任何娱乐活动，把所有时间都放在了学习上，他们就不信加倍努力会没有效果，但后来他们信了。

超豪累得够呛，连笑容都没有了，但还是跟不上。

两口子从不甘心过渡到放弃。他们经常唉声叹气，只要一考试就开始做噩梦，等到通知开家会时就是"大难临头"。进了教室听老师一讲，似乎谁家的孩子都有优点，只有自己家的儿子不成器。后来，他们在教育超豪的时候就多了一句话，"你看看，人家那谁谁谁……"

过了不久，在初中班长组织的家庭聚会上我们相遇了。我是看着超豪长大的，和他聊了几句，发现超豪还挺有见解，可不像家长平时和我抱怨的那种"呆"。大人们酒过三巡，有人提议让班长家的女儿表演个节目，那女孩拿起吉他就弹了起来，是一首老歌——齐秦的《外面的世界》。大家听着不错，也就鼓起掌来，我观察到，超豪爸爸一边喝彩一边用微妙的眼神扫了一眼儿子。曲声未罢，超豪站起来说："姐姐，有两个单阶你弹得不对。"

弹吉他的女孩愣住了，气氛稍微有点尴尬。超豪爸爸觉得没面子了，使劲一拉儿子说："赶紧坐下，不懂别乱说话！"

超豪坐了下来，但是仍然不服气地说："错了就是错了，这曲子我弹了好多遍了！"

这下，女孩脸红了，勉强笑笑，离席而去。超豪爸爸火冒三丈，如果不是我拍了拍他，几乎就要跳起来骂，他强忍着怒气说了一句："你什么都能，这次考试考了多少分不知道啊！你看姐姐，听说又在年级名列前茅！"

有人来打圆场，这场小插曲在推杯换盏中过去了。超豪被爸爸训斥郁闷了一会儿，但随即又再次关注我们的话题，时不时地插句嘴，结果又被他爸爸训斥没礼貌。临近散席时，有人提到了周厉王的"防民之口甚于防川"，引申到现在的网络自媒体过于泛滥时，超豪又一次表达了自己的观点，他认为那是后朝修前朝历史，所以周厉王是否真的有这么昏庸残暴，一切都是未知数。

我觉得超豪的想法有点意思，胡适先生说过，"历史是一个任人打扮的小姑娘"。不管超豪的思想是否稚嫩，但他能够脱离课本去思索、去探究，这本身就是一种自我超越。但超豪爸爸却再也控制不住了，骂了超豪，说小孩子插嘴实在是丢人现眼！还说了些不该带超豪出来这样的话。在大家纷纷劝解的空当儿，超豪已经哭着跑开了。

当天大家都喝了酒，我简单地劝了同学几句，也就散了。事后，同学的妻子给我打电话，说家里成了"战场"，父母成了孩子的"仇人"，超豪从那天以后再没和爸爸说过话，无论妈妈说什么，都只是一句回顶："你看谁谁家的孩子好，就跟谁去说！"他们两口子也反思过自己，也想和孩子好好沟通，但超豪有点油盐不进了，所以只能求助于我了。

表现欲是人的天性。孩子进入青春期，某种激素的分泌与日俱增，这强化了青少年的表现欲。受此影响，青春期的孩子变得焦虑、迷茫、烦躁、恐惧、不知所措……他们也在寻找出口，寻找能满足欲望、控制过激行为的正确途径，有人通过学习成绩可以给自己带来满足，但有些学生的成绩不理想，他们自然会选择其他方式来求得"释放"。但有些家长总是用自己家孩子的短处与别人家孩子的长处去比较，这不是不爱孩子，只算是望子成龙心切吧。可是孩子却不认可这种不公平的比较，他们都很聪明，更擅长取长补短，他们想通过自己的优势来证明给父母——我已经很优秀了。

拿超豪来说，当父母说"别人家的孩子"的时候，他是比不了的，因为考试分数对他来说没有优势。但我以前听过他吉他弹得不错，而且他对历史有兴趣，也有激情和好奇心，这些都让他觉得自己很成熟、有见解，他急于在大人面前表现出来、证明自己，这是正常的。世间万物都在以各种姿态来展示自己，雄狮怒吼是为了彰显威势、孔雀开屏是为了炫耀美丽、昙花一现是为了展现刹那芳华，动植物的表现欲是无意识的，但人是有意识的。传统美德上讲人要谦虚、要内敛，可随着社会的发展、观念的更新，青少年也应该注重展现才华、发扬优势。

当然，教育超豪注意场合和分寸是必要的，可我还希望做家长的应该看到自己家孩子的长处，要给他提供一些展示的机会。

在我的引导下，同学两口子做了很多改变。从那以后他们参加家庭式的聚会，会刻意给超豪创造一些表现的机会；他们也张罗了几次家庭聚会，我也有幸参加，并且听到了超豪的吉他弹唱，那曲《外面的世界》，果然弹得比较娴熟。

同学跟我说，超豪现在乐观多了，也有了自信，成绩有点小起色，但更重要的是家里又恢复了往日的温馨和快乐。而他们，再也不提"别人家的孩子"了。

是呀，月亮不只是外边的亮，从阳台上仰头看夜空，大家会发现——自家的月亮更亮堂！

我们都 / 要面对

　　一篇学生作文让我陷入了思考。作文是半命题"我＿＿大",属于常见的初中作文题目,结果苏扬交上来的是《我恐惧长大》,结尾有这么两句:"人生一世,草木一秋。为什么要长大呢? 长大就会变老,就会有白头发和皱纹,就会死亡。一想到死我就吓得睡不着觉,那得多可怕啊! "

　　我没有太过吃惊,因为在这些初中学生里,苏扬不是第一个谈到"死亡"话题的人,或在作文中,或在课堂讨论中,已经有几个学生对这个"死"字表现出过困惑或惶恐之情。

　　日出日落、花开花谢、生老病死,这些自然规律是不会随着人的意识而改变的。青少年有害怕"消失"的恐惧是正常的,但如果怕到苏扬作文中写的这种程度就不正常了,再看她最近的状态确实很显疲惫,难不成为了这事寝食难安吧! 于是,在课堂上我们为此探讨了一番,也让苏扬发表了一下具体的观点。

据她介绍，她现在失眠已经比较严重，一闭上眼睛就害怕，怕自己睡着了就不再醒来。

学生们有笑的，也有认真听的，有两个女生还表现得比较紧张。看来，大家对这个话题都比较感兴趣啊！按理来说，现在的青少年已经能掌握一些常识性的自然科学，对生老病死这种自然规律至少有个起码的认知，对死亡可能会困惑但未必会恐惧，苏扬这种情况还是挺特别的。凡事皆有前因后果，我让苏扬回忆回忆，这种恐惧感是由何而生的？是看了恐怖片？是走夜路吓着了？还是……

苏扬略加思索，便给出了答案。大约两个月前，她的外婆去世了，特别突然，前一天还和苏扬一起分享新鲜的樱桃，她回家时外婆还送到门外，但睡了一觉以后，噩耗传来，老人长眠了。

难道是因为外婆的去世，让苏扬感受到了死亡的恐惧？就在一些同学露出恍然大悟的表情时，苏扬却否定了大家的想法。原来外婆已经八十多岁，离世只是让苏扬感到伤心，没有什么特别的想法。可她想去参加外婆葬礼的时候被父母拒绝了，理由是那种场合不适合小孩子参加。等大人们都走了，苏扬一个人在家，想起外婆对自己的关爱，越来越难过；再想起外婆死亡的过程，越想越害怕。迷迷糊糊睡着了，却做了一个非常恐怖的梦，惊醒以后大汗淋漓。从那天起，她再没睡过一个好觉，合上眼噩梦连连，尤其半夜醒来时，漆黑一片，脑子里转来转去的全是对死亡的恐惧……

原来如此啊！

放学以后，我和苏扬的家长做了沟通。他们也在担忧孩子最近的焦虑情绪，也做了一些开导，却没什么效果。他们问我有没有什么好的建议。我的看法是，这种精神负担，开导的作用不大，主要是要找到症结所在，对症下药。对，症结就在于苏扬没能去参加外婆的这场葬礼。

一个人从小到大要经历太多，正面的人人愿意接受，但负面的也不可回避，包括家庭变故和生离死别等。现在的家长已经很少迷信了，但他们还是不希望孩子参加葬礼这种场合。理由有很多，有的家长害怕葬礼上亲友众多，还有诸多丧葬文化颇有忌讳，怕小孩子过于好奇，胡乱说话引起尴尬；有的家长担心葬礼上气氛沉重，一些至亲过于悲伤情绪失控，这些过激举动都是孩子从未接触过的，让孩子受到惊吓可就麻烦了！

家长对孩子的爱护之心自不必说，但有谁会知道，有些青少年真正能思考人生的意义不是从参加各种喜事开始的，恰是从一场葬礼开始的。他们要去送别的必然是对自己很亲近的老人，这最后一面涵盖了回忆、留恋、告别与缅怀。年幼时对生老病死的自然规律并不能完全领悟，而葬礼上长辈和亲友们的行为和情绪则是一堂最真实的课堂，他们会因此学习并体验到珍贵的亲情。而作为家长要给孩子提供一个正面的引导，让孩子真实地面对老人的离去，这也是帮助他们日后积极面对艰辛生活的重要一步。

作家古龙说过："人们畏惧死亡，也只是因为没有了解死亡之神秘，所以才会对死亡这件事生出很多可怕的想象。"当青少年明白了"死亡是生命的基本事实之一，它最终都会到来"时，那就无所畏惧了，会更加坦然地面对人生道路，会更乐观地面对成长历程。

关于苏扬的具体状况，我在进一步了解之后，给家长提出了建议。苏扬外婆去世一百天快到了，按当地风俗，对八十岁以上的老人的百天祭典是比较重视的，家长不妨让苏扬去参加，一是了却孩子没能送别外婆的遗憾，二是让她感受下葬礼那种场面和氛围，可能会治好她的"心病"。

当然，让青少年参加葬礼这种事还是要因人而异，幼小懵懂的孩子就不适合参加，初中生如果参加，家长也要做适当引导，比如对一些丧葬习俗的合理解释，借机引导孩子要面对现实，要勇于担当，今日短暂的悲伤，也许会成就未来长久的坚强。

苏扬后来弥补了遗憾，还给已逝的外婆折了纸花，她写出了一篇非常感人的《离别》，文章充满了对外婆的感恩和怀念。事后她跟我说，从那以后再没做过噩梦，感觉这个世上没什么可怕的了！

我把苏扬的作文当范文在全班朗读了，并告诉我的学生们，现实是用来接受的，不是用来逃避的，不管什么样的现实摆在眼前我们都要面对！

朋友一生 / 一起走

　　学校对面是个小广场，夏天的时候景色最美，绿树成行、花草丛生，有音乐喷泉欢唱舞动，也有花式跳绳上下穿梭，当然，最热闹的地方是露天舞台。经常有一些音乐、舞蹈、朗诵之类的才艺表演，每次都围着很多观众，喝彩声此起彼伏。

　　我是接到了邀请来的。初二的女生晓玫告诉我，今天傍晚有她们舞蹈学校的表演，这也是她第一次登台表演独舞。我了解晓玫已经学了五年舞蹈，平时也上过舞台，但多数是集体舞，个人的发挥很难展现。看得出这个女孩的兴奋和激动之情，我当然要欣然前往，而且鼓励她大胆发挥，老师一定会带头把巴掌拍红的。

　　表演之前我在人群中走了走，遇到了不少学生，看样子都是来给晓玫助阵的。还看见书悦在几个朋友中间嘀嘀咕咕的，不用说了，估计晓玫第一个邀请的人就是她。两个人都是我的学生，在作文里经常拿对方作为素材，我也因此比较了解她俩。两个人住在同一小区，小学时关系就好得不得了，初中又分在了同一个班，顺理成章地发展成了“闺蜜”。虽然近期似乎闹了点小别扭，但在这个对晓玫来说特别重要的时刻，书悦肯定是要讲义气的。

但是，我这种自以为是的想法在这场表演后就被推翻了。晓玫出场了，表演了一段叫《飞翔》的舞蹈，主题是一只小鸟在风雨中不屈不挠的拼搏精神。晓玫表演得很投入，舞姿优美，看来没少下功夫。在大家的掌声中，我听到了几声倒彩，“跳得真差啊”“赶紧下去吧”，声音不大，却很刺耳。更让我惊讶的是，那几个有捣乱嫌疑的人都是书悦的朋友，刚才她们在一起窃窃私语，而在喝倒彩的几个人身边的书悦，正露出了得意的笑容，还用欣赏的目光看着朋友们。

这太让我意外了！我更担心的是，如果晓玫知道了好朋友这么对待她的第一次独舞，会是怎么样的心情……

下一节作文课上，晓玫还是和往常一样，对同学友好，对书悦更显得亲密。而书悦却是一副爱搭不理的样子，时不时地还找机会刺晓玫几句，言词尖酸刻薄。我看不下去了，批评了书悦，上课时哪来的那么多废话！而且也不能因为人家对你友善，你就可以无端欺负。看我发火了，晓玫倒替书悦解释，说是在闹着玩。可书悦不但不领情，反而还冲着晓玫吼了一句：“不用你装好人！”

那篇作文书悦写得潦草，下课了匆匆交上来，噘着嘴走了。

晓玫写得较往日要慢，看来心情也是受了影响。看她拖到了最后才完成，我旁敲侧击地打听她和书悦有没有矛盾，不好直说书悦带人喝倒彩的事，但也不忍心让眼前这位待人热情的女孩蒙在鼓里。我几次把话题引到跳舞那天晚上，又不得不含糊其词。晓玫着实是个聪明的女孩，她倒把话挑明了："老师，我都知道，跳舞的时候她带人在下面捣乱，其他同学都告诉我了……"

可是，为什么会这样啊？

原来，这对小学时形影不离的好朋友，在初中时遇到了友谊的分水岭。书悦看晓玫的舞蹈跳得不错，也想跟着去学，可是舞蹈老师说她学晚了，身体的柔韧性难以施展，把她劝退了。从那以后她就看着晓玫有点别扭，再加上几次考试晓玫都是班级前几名，而书悦的成绩也就中上游，所以晓玫被老师和同学夸奖时，书悦总会挖苦几句。晓玫始终笑而不语，竟然让书悦的讽刺挖苦养成了习惯，也不知道什么时候开始的，好闺蜜成了对头。

嫉妒心！青春期少年有了嫉妒心，当别人比自己优秀时，会产生不舒服的心理，初期会表现得不自然，后期会持续发展成"敌意"，当内心充满嫉妒时，看对方什么都不顺眼，态度冷淡了她说你"翘尾巴"，态度热情了她说你"太虚伪"，不管你怎么做都是在和她作对。这种嫉妒心对普通同学表现得并不明显，恰恰就是对好朋友、比较亲近的同学表现得尤为强烈。因为青少年的潜在对比对象就是身边常接触的人，当感觉事事不如别人的时候心理会严重失衡，由此产生嫉妒，严重了会以中伤、打击、贬损等手段来发泄自己内心的不满。

在青少年思想尚不成熟、心理尚不健全、生活经验欠缺的情况下，这种嫉妒心的产生也是常见的，但是要正确引导，否则的话会变成心病，并影响三观走向。

要解决这个问题，就需要帮书悦树立起自信心。然而，晓玫在各方面都很优秀，所以要想在某方面超越晓玫，还真不容易呢！晓玫特别想帮朋友，但以书悦现在的心态来看，劝导、引导、诱导等方式，恐怕都达不到教育的效果，只能让她更偏激。

一段时间后，作文班争取到一个征文比赛的机会。我讲完要求，让他们现场发挥，择优选取一篇参赛。看得出来，书悦写得尤其认真，我倒希望她能脱颖而出，这样也许能激发她的自信，减轻她的嫉妒心。但是，在拿到作文后反复挑选，不管是谋篇布局还是语言表达晓玫都占了上风。为了公平起见，我又请了其他班两位老师来共同打分，结果毫无疑问晓玫的被选中了。

晓玫写的是《朋友一生一起走》，人物就是书悦，感情真挚，列举了几个事例都较有特点。当我把作文读给学生们听时，很多同学都感动了，纷纷赞扬她写得不错。但就在这时，书悦站起来了，情绪激动："老师，我认为素材不真实，所以第一名不该给她，应该选我的！"

这下大家都愣了，文中的人物就是书悦，而且对她颇多赞美，怎么成了"不真实"了！书悦涨红了脸大声说："我没有她作文里写得那么好，除了烙饼比她强，我什么都不如她！"

晓玫默默无语，其他同学都笑了，书悦哭了。

我却在这时候来了灵感，"请将不如激将"！"书悦，你凭什么说烙饼比晓玫强？要知道，成绩只能跟你们一时，生活会伴你们一生！烙饼是技术活，比物理还难学呢，据我所知，晓玫的饼烙也相当不错呢！"

晓玫一怔，随即便领会到了我使的眼色。而书悦则闪电般跳起来，调门拔得很高："不可能，要说做饭，我闭着眼睛都比她强！"

干脆，来一节作文实践课。我们转移了"阵地"，借了隔壁托管班的厨房一用。我和同学们看着两个"面案师傅"扎上围裙，像模像样地和了面、擀成形、撒上葱花、香菜和芝麻，架上锅，起锅倒油，"滋啦"一声，香味弥漫出来。这一下，高下立判，书悦的饼擀得溜圆，烙的火候恰到好处，出锅后又软又起层，连烙了三张都让同学们趁热分了。再看晓玫的就逊色多了，一张火大了，一张还没熟透，咬一口硬邦邦的。

听着同学们赞不绝口，还一个劲儿地缠着书悦再烙几个，书悦得意扬扬的。在我的示意下，晓玫表现得很失落，拿着半张烙糊的饼低着头往外走，书悦看到了，呆了一下，竟然追了出去……

我联系了编辑，加了一个参赛名额，因为有两篇作文都不错，一篇是晓玫的《朋友一生一起走》，另一篇是书悦刚刚完成的《我的看家本领——烙饼》。听到这个消息，大家都很开心，晓玫却突然说："老师，我想再加一段，我的朋友还是个擅长美食的面点师。"

我看到，那两个好朋友对视了一眼，笑了。

为乐趣
而读书

初中生丁丁在作文中写了一件和母亲吵架的事。这种素材在写作中本是常见，一般是运用"先抑后扬"，完成一个从不理解到理解的过程，加以感悟或总结，辅以抒情，也就中规中矩了。可她写的一段话还是让我愕然了——"看妈妈重重地把门关上，我的心也碎了，就像被我撕碎的书页一样，七零八落的……"

撕书？——居然撕书！我不能理解。也许是对书籍与生俱来的爱惜吧，我叫丁丁站起来，口气也比平时严厉多了，"作文是真实的吧，你为什么撕书！"

丁丁显然还不习惯我冲她发火，有点手足无措。是的，很多学生都说我偏向着她，经常拿她的某些运用得当的语句来举例。事实上，我对她的写作天分确实很看重，这是个有灵性的女孩，父亲是江苏人，母亲是东北人，也许是受父母影响，她结合了南方的机敏和北方的聪慧，在写作中常有惊人之语。

丁丁还是嗫嚅着说了："我不喜欢看，我妈非逼着我看，我受不了了，就撕了两本……"

"不喜欢看，也不能撕啊！"我对她的狡辩很不高兴，做错了事还振振有词的。"抛开书的内涵不说，这也是家长辛苦挣钱给你买的，不管任何理由，作为学生也没有资格去挥霍家长的血汗钱！"

听我的嗓门大了起来，丁丁反而不再退缩，语气也强硬了起来："要是天天逼你读你最讨厌的书，你会高兴吗？"

我顿时无语，脑子里转来转去，想着我曾烦恶到极点的书，恨得咬牙切齿的书，有的痛苦万分地读完了，有的读几页就睡着了，还有的读着读着就把书扔了出去，我是没撕，可这些行为和撕书也相差无几。是呀，我既然有不喜欢的书，又怎么能要求学生对所有书都喜欢呢？

再看丁丁，扬着下巴、嘟着嘴，站在那等着我的发落，她的表情却是全然不服气的样子，这真是个有个性的孩子。我正琢磨着措辞，下课铃响了，也算帮我解围了。

我联系了丁丁的妈妈，了解了一下事情经过。原来丁丁的班主任在家长群里列了个读书清单，那些经典名著如《钢铁是怎样炼成的》《红与黑》《飘》等都在列，还有些国内的名著。班主任还特别强调，有一些初中的考点也是和名著挂钩的，所以要求大家重视起来。试想，读名著本来就是件好事，再听说和"考点"挂钩，家长们自然以风一样的速度网购回来了。结果就为读书吵了好几架，丁丁说实在看不下去，妈妈说她不能总看些儿童漫画吧，娘俩儿的"战斗"逐渐升级，一个撕了书，一个摔了门……

孩子为什么不爱读书？为什么讨厌经典？有太多的家长问过我这些问题。

首先，我们要听听一位教育学专家的说法：0～6岁是阅读的黄金阶段，7～12岁是白银阶段，12岁以上就是青铜阶段了。所以学生的阅读习惯是从小培养的。像丁丁这样的初中生，过了12岁了再重视阅读，已经过了最佳的时段了。

其次，我们要注意家庭阅读氛围对孩子的影响。也不是说所有家长都爱读书，有的家长从来都没摸过经典名著，她们只是作为任务强行指派给孩子，不读不行。试想这种"作业式""惩罚式"的读书方式，让本身就处在叛逆期的少年怎么愿意接受？

再次，我们要考虑现在的娱乐多元化问题。几十年前没有网络，没有炫目大片，没有主题公园，没有穿越盗墓小说，那时候的人们把读书当成了消遣、休闲、娱乐、打发时间的重要方式。现在时代在变，各种令人眼花缭乱的多媒体工具层出不穷，每种新元素的出现都伴随着刺激和诱惑，对于新一代的青少年而言，他们自然愿做出新的选择。

举个例子来说，家长那一代人，也许喜欢吃米饭、馒头、鸡鸭鱼肉；可现在的孩子不满足于传统食品，他们偏偏喜欢肯德基、麦当劳、炸薯条、寿司，甚至还有可能喜欢所谓的"垃圾食品"。时代在变，观念也在变，这些新潮的观念也影响了阅读理念——他们不愿意读名著。

"那怎么办啊？也不能由着她性子吧，不读书也不行啊，将来考试还得有这方面知识呢！"丁丁的妈妈更困惑了。

是啊，不读书怎么能行呢？我们都会照本宣科，告诉学生要阅读经典，可以开阔视野、树立正确的三观、汲取精神营养、提升阅读思考能力；我们还会举一些名人读名著的正面例子来教育孩子。

想要了解孩子的真实想法，就要换位思考，走进他们的内心，知道他们想要什么，想看什么，有意见可以交流，但不要对抗。对于天下父母而言，和孩子对抗的结果常常是两败俱伤。所以遇到了矛盾时，家长要冷静下来，先确定自己要达到的目的，再想办法去接近这个目的。

拿眼下丁丁这件事来说，先不要追究她撕书的事，也不要提读书的好处，先要走近她的心，让她放下戒备，然后加以疏导。

后来的课堂上，我和学生们做了个"问卷调查"，我先列了不喜欢读的书，再列了喜欢的书，又列了反复阅读的书。学生们来了兴趣，纷纷列出清单，他们发现有和我相同的喜好书籍时，会表现得很兴奋，会和我探讨其中的一些人物和事件。我发现，这个时代的学生太有个性了，他们的思维是超前的，也是需要我们正视的。

"老师，我不爱读苏联名著，因为读一本书就要了解时代背景、历史背景、人物关系，我们上学又没学过，读本书得查好多资料，太没意思了。还不如读东野圭吾的推理小说过瘾。"

"老师，我挺喜欢读《简·爱》的，挺励志的，但结尾让她继承叔叔遗产来改变命运这也太让人失望了吧！是不是作者写的时候很贫穷啊，是不是也想天上掉馅饼来改变现状呢？"

"老师，我觉得……"

课堂上大家踊跃发言，我又把目光投向丁丁的书单，她喜欢读的书中有海明威的《老人与海》，这肯定是推荐名著之一啊！原来她并不是对所有经典名著都排斥，这让我心里燃起了希望。

而她看着我的书单，突然间眼睛一亮，"扑哧"笑出声来："老师，你也喜欢看漫画啊，你好幼稚！"

那天我和大家说了说我喜欢的漫画形式，丁丁就是这样打消了对我的戒备心，放学后她还不走，跟我讲了很多她喜欢看的书，也交流了她为什么讨厌某些书籍，特别是妈妈买了一些"动物小说"，有的甚至违背自然法则，比如羊能杀死狼、兔子能咬死狗，让她觉得作者很过分，这不是拿读者当傻瓜吗？那天撕的书，就有这种小说。

我饶有兴趣地听着，适时表达赞同，或者提出反对意见。等丁丁完全打开心结以后，我才对撕书的事表达了观点。一本书是作者的心血，有些作者一生只写了一本书，就已经心力交瘁了。且不说后期校对、排版、打印等环节，无数人在为一本书付出汗水。读者将书拿在手，理应能感受到书的分量，那是因为有无数人的辛苦凝结在其中。当然你有权利不喜欢作者的风格，不喜欢书的内容，但你要对书籍有个起码的尊重。你不看，可以借给喜欢看的同学，再从同学那儿借到自己喜欢看的书，这样岂不两全其美？又何必用这种极端的方式呢？

那天，我借给丁丁两本她喜欢的书，同时也让她给我带来两本我想看的，她欢欢喜喜地拿着书走了。

过了一个多月，丁丁的妈妈说，孩子现在挺爱读书了。我说，这是因为她在读自己喜欢的书，就像我们在吃自己喜欢的食物一样。以后如果不是丁丁特别要求，不要单方面购书，浪费不说，强迫阅读只能引起逆反。可以到图书馆办书证借书看，她自己的选择一定会有阅读兴趣的。当然，也可以和同学互相交换着看。挑自己喜欢的书看，自然会有所收获。正如英国小说家毛姆说的："为乐趣而读书。"如果真能这样，那是一种莫大的享受。

丁丁的妈妈又问，那名著怎么办？

"让她有选择地阅读吧。"

后来，丁丁告诉我，她从书中找到了很多乐趣。她又说，她妈妈在家读经典名著呢，而且还经常和她探讨。

我笑了，这个肯定是网上搜来的"妙招"。现在的家长啊，为了培养孩子真是不容易啊！

玉为精神
"烛"为骨

　　星期一到星期五是没有写作课可讲的。学生们返校上课，我则在教室里静静地批改作文。教室对面广场上的绿化以松树和柳树为主，夏日杨柳依依，冬天雪压青松。批到好作文时我会由衷喜悦，会出门到林间呼吸一下新鲜空气；有时工作提前结束，阳光恰好漫进来，我会倚在门边，捧一本书，读书人和书卷都被晒得暖洋洋的。每周，一个人守着五天自在的光阴，惬意而悠闲。

　　但这一天的午后，我有"伙伴"了。冰冰来教室做题的时候我正在批阅作文，还下意识地冲她点点头，等到我回味过来，"不对呀，今天周一，你应该在学校上课吧！跑作文班干什么来了？"

　　"不想去，不舒服！"冰冰笑了一下，一副无所谓的样子。

　　"不舒服？那得找家长领着你去看看大夫吧，你跑作文班来班主任知道吗？告诉家长了吗？"

面对着我的一系列追问，冰冰先是一语不发，等到我拿出手机要联系家长时，她倒抹起眼泪来。"老师，你别告诉我爸妈，我就在这儿躲一会儿，我不想上语文课！我的面子全丢没了……"

语文课到底发生了什么？一个刚上初中的小女生，怎么还扯上面子了？

这件事源于冰冰在月考中写的一篇叫《难忘烛骨的岁月》的作文，内容是小学时受过一次伤，打着石膏卧床三个月，现在想想那段痛苦时光，仍记忆犹新。作文写得没问题，问题出现在"烛骨"两个字上。

冰冰一直是年级里的"作文小霸王"，多次发表并获奖，老师和同学也常叫她"小才女"。语文老师自然比较关注她的作文，就在今天上午讲卷子的时候特意提到了冰冰的作文，问她"烛骨"是什么意思，是否是笔误？

应该说一目了然，她是把"蚀骨"写成了"烛骨"，就这么一个简单的小事，承认了并纠正一下不就行了？但冰冰却回答说："应该是'蚀骨'吧，但我想用'烛骨'，也有'烛泪侵骨'之意。"

冰冰在复述的时候，我都听出了她的这番话有狡辩之意，语文老师怎能听不出来，所以很严肃地批评了冰冰几句，同学们也有不少人笑出声来。冰冰是哭着离开学校的，下午自习课有一节辩论会，是由语文老师组织的，她对老师有了看法，便没去学校。

她在这边跟我讲着事情原委，我已经接到了家长的消息，看样子是群发的，问各科补习老师，有没有发现冰冰，班主任说她没到校。

我让冰冰先平静一下，我走出教室回了一个电话。家长放下心来，说他们也了解了情况，这孩子就是自尊心太强，加上平时表现优秀，大家也都捧着，难免就有了傲气。语文老师也欠妥，当众就责备她，同学们再一嘲笑，冰冰自然就下不来台了。家长请我哄劝一番，让她回学校上课。

哄劝？这件事她没有一点道理可讲，怎么哄劝？

像冰冰一样进入青春期的少年，往往以自我为中心。其实孩子在"宝宝阶段"就是以自己的主观想法来衡量世界的，那时候意识尚处于懵懂阶段的儿童总是自发地认为周围的一切都是因自己而存在的，凳子是给自己坐的，娃娃是给自己玩的，蛋糕是给自己吃的，爸爸妈妈是哄自己开心的。如果一旦这些外在事物触犯了自己，一哭一闹，凳子就得搬开，娃娃就得扔一边去，蛋糕就得换成其他美食，爸爸妈妈需要做着各种表演来安慰自己……

很多年轻的父母们、年长的祖父母们，总是习惯用这种顺从、迁就孩子的方式来陪伴孩子们成长，这对孩子的性格养成会造成很大的影响，也无形中产生了很多不正确的判断和认知。他们总认为别人应该让着自己，即使自己有错，也应该点到为止，否则就是伤害了自己。这种错误的想法造成了孩子性格上的脆弱，即便到了青春期，这种在童年时形成的习惯仍然会存在。

冰冰已经习惯了家长来哄她，她也在等着我来哄，还在等着语文老师来哄，或者她也觉得自己的"烛骨"用错了，但是她希望在大家"哄"过之后，她再轻描淡写地点点头，"下不为例好了！"

回到教室，便看到了那双期待的眼睛，我却故作看不见，从书架上抽出四本最厚的书，放在她的桌子上，"喏，《辞源》，咱们来查一查，'烛骨'这个词到底能不能用？"

冰冰噘起了嘴，她心知肚明，但她还是不服输，"唰唰唰"地翻开了《辞源》。

"你给我小心点，这套书跟我岁数都差不多了，老骨头了，你别给弄散架了！"这几句话让她露出了点笑意，我也不提其他事，只就这个"烛骨"做文章。和"烛"有关的诗句，多是用于情境，如"马上风吹蜡烛灭""蜡烛啼红怨天曙"；也有用于象征意，如"何当共剪西窗烛"……但似乎没有和"骨"能联系上的。"蚀骨"的"蚀"可解释为动词，"烛"如何用作动词？"烛泪"是热的，如何"侵骨"？就算烛泪"浸"骨代表着一种伤痛，但也不能简化为"烛骨"。

冰冰显然没从《辞源》中找到满意答复，嘴里还在犟："那就不用动词，蜡烛的骨头行吗？"

"蜡烛芯是软的，蜡油也是软的，而骨头是硬的，'烛骨'如何成立？"

"风骨，风没有骨头，但也成立啊！"

"风骨"？看着眼前这个小女生那强词夺理的架势，我倒有点欣赏起她的反应机敏了，既然学生这么善于"诡辩"，老师自然不甘示弱。"风骨"是风气和骨气的合并衍生，这两种气其实就是精神的象征，而"烛"怎么和"气"关连上？古人形容美人有句话，"以花为貌，以鸟为声，以月为神，以柳为态，以玉为骨，以冰雪为肤，以秋水为姿，以诗词为心。"这里出现了"玉骨"，因为玉有"纯洁"的象征意；也有"玉为精神竹为骨"之喻。而"烛"的具体特点还是"燃烧自己、照亮他人"比较贴切，它怎么能和"骨"联系上呢？若是"玉为精神'烛'为骨"，那岂不成了"软骨头"？

......

一番唇枪舌剑之后，冰冰实在找不出理由了，干脆耍起了赖，"我知道'蚀骨'对，以后我也会改过来，这次我喜欢'烛骨'，因为……因为用这个词朗读起来更顺畅！"

我刚喝了一口茶润喉，一听这话差点喷出来。"这是什么逻辑，照这么理解上课时语文老师就可以讲'问君能有几多愁，恰似半斤二锅头'了；就可以讲'天生我材必有用，老鼠儿子会打洞'了。只要喜欢，只要朗诵顺畅，所以就用喽！"

冰冰"扑哧"笑了，有点不好意思地说："我知道用错了，可我也有自尊心啊，老师就不该当众说，太没面子了！背后提醒我一句不就行了？"

自尊心？面子？我当然知道学生有自尊心，也懂得当老师应该维护学生的自尊心，但是，"师者，传道授业解惑也。"如果老师连一个错字都不能及时纠正的话，那么教育的意义何在？《红楼梦》还"披阅十载、增删五次"呢，中学生写错了字又有什么不能面对？冰冰还有着当作家的梦想，可是一个好的作家不只是要靠努力，更要有胸襟和格局，如果对一个错字都想百般掩盖不愿意面对的话，又怎么能用真诚的内心来美化文字世界呢？

我让冰冰回忆回忆，我上课时讲错了字，是不是马上道歉，遇到生僻字还会查一下字典，这么做的目的其实很简单——通过错误，让大家多认识一个字而已。如果我顾虑到老师的虚荣面子，不断用谎话来掩盖某个错字，那样做对学生不公平，也是我最没有面子的事。记得有位主编说过："为了面子坚持错误是最没有面子的事情。"当一个人为了面子去诡辩的时候，往往连里子都会丢光。

冰冰的脸明显红了，先是堵住了耳朵，随即就站了起来："老师你不用说了，'烛骨'是我写错了字，而且我的错误不在于错字，而在于不敢面对！本来一秒钟就能解决的事，我却用了假话来掩饰，结果还得用更多的假话来圆谎。我就这回学校，给老师和同学道歉去！"

看着这个女孩"噔噔噔"像风一样跑向了学校，我有几句话还没说完呢。本想告诉她，"迁就青春期少年也是有限度的，不是所有事都要迁就你们的。"但是，我似乎已经不必说了，冰冰刚才那番话讲得比我都明白呢！

家有叛逆
小"杠精"

"刘老师，这几个问题该怎么答复孩子？"接到家长的留言，我倒是乐了一场，这对父母一个是电视台的记者，另一个是节目主持人，两个人志同道合，又都是能言善辩的，孩子自然也"不同凡响"。

他们的儿子小毕，在家里的墙上涂鸦，用水彩笔任意挥洒。父母看着新粉刷的墙被涂得惨不忍睹，自然要责问他。结果孩子却说，"让我学美术不就是为了画画吗？哪条法律规定了不能在家里墙上画画？李白杜甫经常在酒楼墙壁上题诗，不都被传为佳话吗？古人能做我为什么不能效仿？那我学文言文和唐诗宋词还有什么用……"

家长已经气晕了头，但他们还真就回答不上来，所以找我出主意。我告诉他们，你们的儿子小学时就爱提问，爱和同学辩论，到了中学以后又转型为"杠精"，不光是在家里抬杠，在作文班也时出惊人之语。就比如上周作文课，我教导学生在作文中要回避一些网络用语，特别是一些谐音的随性组合，如果语言全能用谐音来表达的话，那么我们的文字将失去了原始魅力。

结果小毕就开始抬杠了，"老师，作文为什么不能用'蓝瘦香菇'，网络语言既然存在就有合理性，发明了的新词语怎么就不能替代旧词？"

类似这样的故事，在小毕身上已经屡见不鲜了。青少年喜欢抬杠的原因有很多，有成长的原因，也有家庭的原因。有些年轻的家长在生活中爱较劲、爱斗嘴，这并不一定是真生气，在某些夫妻眼里还是生活情趣，所以也并不避讳孩子在场。但幼小的孩童并不能做出这些理性的区分，他们还不具备完整的辨析能力，多数情况下还是以直接感观认知为主，所以总会不由自主地模仿着家长。

等到孩子逐渐长大，家长发现他们经常爱提问些古怪问题时，这已经是抬杠的苗头了，有的父母会一笑置之，也有的父母会告诫孩子改掉毛病。但是孩子会不服气——你们能那样说话我为什么不能？由此可见，父母的言行也会在孩子身上表现出来。等到孩子到了青春期，更想用言行来表达自己的思想和与众不同，可这个时候他们的语言仍然是不够成熟的，在词不达意的情况下难免会说出抬杠的话语。

一旦"杠精"说话，周围会立刻有人关注，这会让"杠精"们产生一种误解——自己的话是不是特别有吸引力？至少大家都有兴趣吧。这种想法也造成了抬杠的持续性，甚至还会习惯成自然。

沟通以后，小毕的父母也反思了，小毕出生时他们的年纪都不大，小两口确实喜欢在家以斗嘴为乐，本来都认为这纯粹就是增进感情、活跃气氛的方式，每次"交锋"下来，输家洗碗拖地，赢家还会抱着孩子庆祝一番。他们确实没想到，对孩子的成长带来了这样的影响。

一看他们在自责，我便安慰他们别着急。"杠精"少年可不是一无是处的。抬杠本身就需要逻辑思维，他们勤于思考、勇于表达，而且会有自己的主见，并会尽可能地完整阐述自己的观点。小毕最近写了几篇议论文都挺有新意，所以只要善加引导，"杠精"也可以改良成思维敏捷的"辩论家"。

应对"杠精"的方法不难找，首先是别和他们较真，别动气。他们言辞激烈的时候，其实就是在等着别人来辩，这时候反而要温和一些，让他们的激烈情绪先缓和下来。大家都心平气和了，有些"杠"不用抬就过去了。

其次是后发制人、以退为进。"杠精"开口了，你如果主动迎战，那他肯定会纠缠不休的，即便你赢了，也会"伤敌一千，自损八百"，伤害了青春期的孩子可算不上打了胜仗。父母要做一个最好的倾听者，听他们把观点表达完了，先赞同一部分，另一部分有争议也不要直接驳斥，扮演好"慈父慈母"，让孩子冷静一下，没什么大不了的。

我这边刚开导了小毕的父母，第二天作文课小毕却又开始和我杠上了。那时我正讲岑参的《白雪歌送武判官归京》中的环境描写。小毕提问了："老师，'千树万树梨花开'为什么非得是雪花？大棚里的蔬菜不都是冬天里长的吗？如果梨树在大棚那样的温室里，下雪天恰好梨花开放了，难道不可能发生吗？你不能提供证据表明唐朝的塞外没有这样的温室，那我的推理是不是就有概率发生？"

学生们一下子笑起来。小毕得意扬扬地望着我，看来这个小"杠精"又要准备"战斗"了。我一看表，上半节课下课时间也到了，"课间十分钟，我给你们讲个抬杠的故事吧。"

传说孔夫子周游列国时遇到一家"抬杠馆"，馆主叫"杠头"，孔子进去就杠上了。杠头问："夫子家中父母可好，您这是要到何方去？"

孔子说："家中父母安好，我正在周游列国。"

杠头又说："夫子的文章不是说过'父母在，不远游，游必有方'吗？现在父母在你就出远门了，而且周游列国连个具体目标都没有，一旦父母有事将如何通知你？你这言论和行动是不是自相矛盾了呢？"

孔子惭愧退出。正碰到"八仙"之一的铁拐李，背着个大葫芦挂着个拐杖过来，拉住孔子要帮他扳回一局。杠头又问了："上仙的葫芦装的是什么？有何用处？"

铁拐李一拍葫芦说："灵丹妙药，包治百病！"

扛头又说："包治百病，那你咋不把瘸腿治好了。"

孔子和铁拐李都输了，出来后遇到了一个杀猪的。杀猪的递给孔子一把刀，塞给铁拐李一杆秤，三个人又回到了抬杠馆。

杀猪的先说，一指杠头脑袋问："你这脑袋八斤七两你信不信？不信的话，孔夫子动手，李上仙过秤。"

扛头连连作揖说："我信我信，正好八斤七两！这杠我是不抬了，别人都是来抬杠，您这是玩命来了！"

故事讲完，教室里已经笑成一团。待大家笑够了，我对学生们说："小毕同学是个有思想的人，前几天他问我鲁迅的《孔乙己》结尾'大约孔乙己的确死了'。如果是其他人写很可能就是病句，鲁迅先生写就成了经典，这是不是名人特权在作怪？当时我们俩争执了半天，这是抬杠，更是辩论，因为双方从中都有收获。我很欣赏他……"

小毕被我表扬得有点不好意思了。我话锋一转："但是今天这个话题我不想继续了，你要跟我辩论唐朝边塞有没有温室大棚，那不是抬杠来了，你是和我玩命来了！"

教室里本来安静下来了，学生们还在一本正经地听着呢，突然间被我这句话逗乐了，有的都笑到桌子下面去了，小毕自己也趴在桌子上，一边狂笑得声如霹雳，一边用手拍着桌子。在笑声中，我们的下节课开始了，小毕那节课的状态好多了，也没再提出什么古怪问题。

后来，我把课堂上的故事讲给了小毕的父母，希望他们能够循循善诱、因势利导，欣赏这个小"杠精"，并且能有效地引导他。

网课，想说
爱你不容易

2020年新型冠状病毒引发的疫情席卷全球。学生开始在家上网课，应家长提出的要求，作文班也开始线上授课。

不得不说，网课只是权宜之计，效果真没有想象的那么好。老师和学生的沟通非常重要，平时的课堂上论事说理针锋相对、奇思妙想灵光闪现，整个课堂氛围是妙趣横生的。网课就没这个感觉了，多数的时候是我在唱独角戏，他们在干巴巴地听。提问题的越来越少，偶尔点了几个名，面对镜头竟都有些扭捏。由于没有了老师的现场监督教学，有些在学习上不太主动的同学交上来的作文水平明显下滑，甚至还摘抄网络上的作文。

我鼓励学生们，再坚持一段时间，这场疫情总会过去，距离我们回到校园的日子不远了。然而，这番话对于自制能力不强的同学，真的是效果不大！阿峻就是这么明显的一位。

阿峻是从南方转学过来的，已经适应了在北方的生活。他机灵聪明，反应能力也特别快，但就是坐不住，从不像别的孩子那样规规矩矩坐着，手脚总是搞些小动作。后来我给他左右两边安排了两位性格沉默的高个子同学，他夹在中间也就收敛了不少。

升初中的时候阿峻有了新自行车和新手机。家长本意当然是为了方便联系，尤其阿峻经常要在校外吃午饭，大人也总要关心一下的。但是，当一部手机在一个少年手里的时候，他就好像拥有了全世界，拥有了话语权和操作权。不知道有多少家长一边喜滋滋地把新手机递给孩子，一边又郑重其事地告诉他们不要玩游戏。这种自欺欺人的警告最终演变成了笑话。阿峻比较喜欢听我的课，但他也害怕我真的发火，所以在上课时他从来没摸过手机，但有学生讲，一到下课，阿峻就出去找个没人的地方玩手游，似乎是一种联机游戏，能和朋友一起配合"作战"；还有的学生告诉我，赶上刮风下雨天出不去了，阿峻能躲在洗手间里玩，而且边玩还边骂。

我不是亲眼所见，因而只能和阿峻的家长做个侧面提醒。谁知一提"手机"两个字，阿峻妈妈就长吁短叹，阿峻爸爸更是气不打一处来，"哼，在家答应得好好的，出门就忘，看来还得没收！"

这回，想没收也做不到了！学校排了几个月的线上课程，各补习班也都跟上了形势，没手机的也有了，嫌网速慢的还都换了"新装备"，学生该不该用智能手机终于不再有争议了，人手一部！特殊时期的特殊学习环境，对一些学生来讲确实能做到严格自律，生怕落下哪科课程，但像阿峻这样有"手机瘾"的学生，也真是难以抵抗诱惑。

前两周的作文，阿峻都不合格。批改后要求重写，他只回复了相同的话："老师，我错了。"再无下文。第三周他没来听课，第四周他居然交上来一篇抄袭的作文。我得找他家长了解一下情况了，阿峻拿着手机在干什么？

阿峻的爸爸声音低落，想放弃了，不光是作文班这样，其他各科包括学校安排的课程，阿峻也三心二意。家长把各种办法都用尽了，有一天他陪着孩子坐了整整一天，到了傍晚实在受不了了就打了个盹，也就五分钟不到，阿峻已经在和同学交流"游戏通关"心得。气得他抢过手机要砸，但是还是忍住了，因为砸了也得重新买，孩子上网课这个理由是合情合理、不容置疑的。

知道我找了家长，阿峻心中难免忐忑，主动补了作文，并且又来了一句"老师，我错了"。这句话已经成了他的口头禅。

我问他为什么不喜欢网课？他嗫嚅着说，网课讲得没意思，外地的老师统一上课，也不认识，而且不适应他们的讲法。有一次老师提问，阿峻恰好端杯喝水，没等放下水杯思考呢，老师已经笑起来，"同学们真聪明，答案就是'B'！"阿峻说，想课堂了，想老师和同学了，也想操场了。

他那句口头禅听不出多少诚意，但这番感慨我能感受到发自肺腑，原来这孩子不愿意上网课不光是手游的诱惑，也有着这样那样的原因。对于绝大多数人来说，都是无力改变学习环境和生活环境的，只能端正态度去面对环境、适应环境，从任何环境中都能找到对自己有所裨益的收获。台湾女作家三毛在撒哈拉沙漠的时候，面对浩瀚无边的荒漠、艰难的生活状况，她仍然报以乐观态度，善于思考、热心助人，她给了世界以热情的同时，也深切感知着世界的温度。

诚然，网课自然有不尽如人意的地方，但是我们在不能改变这个现实的情况下，就应该积极地迎接它、挑战它，并从中汲取自己所需的养分。而像阿峻这样的随性，不喜欢就回避，受损失的还不是自己吗？

我和阿峻的家长又做了沟通，他们一听我建议先暂停各种网课时，有点犹豫，毕竟耽误课程进度可是大事。但我的想法是，现在这种抵触状态是学不好的，眼睛盯着老师，心跑到天涯海角了，不如放松一下，也许能有所改变。

那两天，陆续有学生向我反馈，阿峻已经快活成"仙"了，他不用上任何网课，家长替他请了假，理由是怕他厌学。家长领着他去山上踏青，去公园打羽毛球，还给他做了美食……什么活都不让他干，阿峻现在唯一的"工作"就是享受生活。

第三天，阿峻的家长留言，阿峻提出要上网课，被他们温言细语地"劝止"了，继续放松。第四天，阿峻给我留言，说他想上课，可是家长就是不同意。

我这个"始作俑者"故作惊讶："阿峻，这可是你的意思吧，你说网课没意思，你是真不想上啊！现在家长尊重你的选择，难道不正合心意吗？"

阿峻半晌不语，最后低着头说："老师，我错了！网课再没意思，也总比天天闲着强。头两天觉得挺好的，玩累了吃，吃饱了躺着，一躺就是大半天，没人管没人理的。可是总这么躺下去，感觉生活一点意思都没有了，我真的是躺累了。想想别的同学都在学新知识，我急得不得了。你帮忙和家长说说，我想上课，要不然落下太多了……"

从那天起，重新回到线上课堂的阿峻专注多了，落的课也主动补上了。

又到了作文班的直播课了，我对学生们讲："很多同学在想象作文中会写道未来的学校高度发达，不用出门去上课，在家一按按钮，老师就出来讲课了。现在，你们的梦想在这次疫情期间实现了，可是网课却没有理想中的那么美好。可见有些时候'梦想是丰满的，现实是骨感的'！我希望大家通过这段时间的网络课堂学习，会倍加珍惜有校园、有操场、有教室的正常课堂。我们今天的作文题目就是《网课，想说爱你不容易》。"

出门一笑
买袜子

　　守着一群正值青春期的孩子，看着他们成长，感受着细枝末节的变化，每个孩子身上都有一段故事，不乏古怪，但也不乏纯真。银花就是这样一个孩子。

　　银花是朝鲜族女生，父母一直在韩国工作，她则跟着爷爷奶奶生活在中国。六年级时开始跟我学习写作，那时候不爱说话，光会抿嘴乐。到了七年级以后，她变得开朗多了，下课了也会和朋友出去，说说笑笑的。

　　有一天在课堂上，银花的同桌总是往桌子底下看，看着看着就会笑，而银花则会翻一个白眼，用拳头轻轻给同桌一下。这样的小动作重复了几次，连后排的同学也参与了进来，教室里就有了小嘈杂。

　　我敲了敲戒尺，问是怎么回事。银花的同桌忍不住笑出声来："老师，你看她的袜子。"

我板起了脸："说话有点分寸，现在是上课时间，老师去看什么袜子，成何体统！"

平时我对学生很随和，但我真的严厉起来，他们也会害怕，可这次没效果了，他们反而笑得更厉害了。我倒不是真的好奇袜子，但还是叫起了银花，问她到底是怎么回事。

银花有点尴尬，还有点难为情，还是同桌替她说了。她最近发现银花有个"怪癖"，只要遇到卖袜子的地方，就站在那挪不动脚了。那些袜子像是吸铁石一般，把她牢牢地吸住了，每回她不买双袜子走，似乎都无法和自己交代一样。有一次同桌和她去两个商店买卷子，两个商店都卖学生手套、袜子之类的商品，结果银花把买卷子的钱全买了袜子，为这事老师还批评了她，但还是解决不了买袜子的问题。

作文班对面的广场最近举办了一个服装展销会。银花只要一下课，就拉着同桌去买袜子。今天挑的时间久了点，换袜子的时候同桌一再催促她快点，结果银花一着急，左脚套着新买的袜子，右脚还是穿着原来的袜子，就这么回来了。

"袜子癖"？这是什么逻辑，我还是第一次听说有这种癖好。放学以后，我留下银花问了问情况，她嗫嚅着也说不出什么来。但最后还是告诉我，看着袜子不买就难受，不买就好像错过了一件很重要的事一样，总是后悔为什么不买下来。

等她走后，我一直在想着这件事。买袜子这件事不大，但却成了银花的心理障碍。同学们现在拿着这件事取笑她，因为银花的性格柔和，说她的人又多是好朋友，所以并不觉得多难过。可是如果传的人多了，知道的人多了，再有些人搞些恶作剧，再起些恶意的绰号，或者说她有精神上的问题，当这些问题出现的时候，就有可能带来伤害了。

我还是约了银花的爷爷奶奶了解情况，两位老人说也发现了这个问题。刚开始的时候他们觉得条件还不错，买袜子花销也不大，银花父母又不在身边，孩子喜欢就买吧。可近期才发现家里袜子实在太多了，也不懂孩子为什么买这些回来，都能开商店了。说了几次，但银花嘴上含糊着答应，可照买不误，他们也为此犯愁。

银花对买袜子的行为有点控制不住了。但某个不合理的举动都必然有原因的，我请两位老人回忆一下，银花频繁买袜子是从什么时候开始的，有没有什么特别的事发生。

在我的启发下，他们一点点回忆着，最终，我们三个人都把关注点定格在银花五年级的时候。她独自去了韩国探亲，本来飞机上午从牡丹江机场起飞，中午经停北京，晚上七点多就能见到父母了。可是遇到了强烈冷空气，银花在北京机场滞留了十几个小时，第二天才到达了目的地。那次的经历让孩子受了点惊吓，回国以后倒没什么异常，但回忆起来，爱买袜子就是从那时候开始的。

找着事情的源头，那么就有解决的希望了。我当即要了银花父母的电话，让他们帮着回忆回忆，一般来说幼小的孩子在机场滞留十几个小时，见着父母后一定会把所有遭遇全告诉大人的。

果然，银花的妈妈提供了重要线索。在机场滞留的时候，银花的水杯洒了，鞋进水了，袜子湿透了。那时候所有人都在机场大厅里苦等，室内温度也不高，她脱了袜子光着脚穿着湿鞋，只觉得脚冰凉冰凉的。她想向人求助，看看周围那么多陌生人，她又不敢张嘴。后来实在冻得受不了了，她扯了些卫生纸塞在了鞋里，可还是感觉越来越冷。这时候，她看到对面的一位女士拿出了好几双袜子，挑了双厚的给自己的孩子套上了一层，她用求助的眼神望向对方，可对方只盯着自己的孩子，根本没看她。本来银花在机场工作人员的安慰下，还能坚强地等待着，可就在那一刻，她忍不住哭了起来。

唉，我的心里一阵恻然，可以想象得到一个五年级的小女孩，在举目无亲的环境中是多么无助，脚底的冰凉还可以忍耐，心底的冰凉才是最刺骨的。如果把冰凉的感觉展开，就会发现是缺少父母陪伴的孤独、自卑、怯懦，这也导致了她不敢向别人张口求助。更因为对面的小孩子有一双加厚袜子的幸福感刺激到了她，这种强烈的反差摧毁了她伪装出来的所有坚强，最终也让她的心里多了一道"袜子坎"！

雨季很快到了，作文班的一个角落里多了一个储物箱，里面放着雨伞、雨靴，还有几双袜子。这个小变化引起了大家的好奇心，下课的时候同学们都去观察了一番，还有的故意取笑银花，"快来快来，这有袜子"。

银花笑了，其实我暗中观察，她进进出出的已经瞄了无数眼袜子了。一连几周过去了，她终于忍不住问我了："老师，你怎么又买了袜子，里面都有十多双了。"

我漫不经心地说："总下雨，哪个同学袜子湿了，可以拿一双走。但是，老师太忙了，谁需要的话，得自己开口。你总是不爱说话，让别人通过你的眼神来猜，那可能就错过机会了。"

银花若有所思，从那以后她对储物箱的袜子就不再那么关注了。后来赶上酷热的一天，多数同学赤脚穿了凉鞋，包括我也是。银花的同桌笑着说："太热了，老师也光着脚呢！咱们都不用穿袜子了，把袜子都给银花套上吧，她怕冷。"

教室里有了笑声。我和银花的同桌对了一下眼神，这番对话是我安排的，她"表演"得不错。银花脸红了，像是下了很大的决定似的，扯下了脚上的袜子。

同学们不约而同"噫"了一声，又自发地鼓起掌来。我向银花竖起了大拇指，赞扬她突破了心理障碍。她有些难为情，红着脸说："我爸妈这周就回来了，至少在家待半年呢。"

哦，看来，银花战胜的不是脚上的袜子，而是心里的孤单。有了父母陪伴的孩子，自然会变得勇敢而乐观！

是不是小作家不重要，
有没有好作品才重要

　　布置完本周作文，六年级的女孩萱萱站了起来，正儿八经地问道："老师，你觉得我的作文写得怎么样？"

　　我思忖了一下，萱萱三年级时来跟我学习，而她的妈妈就是教作文的同行。我们市里有一本刊物——《少年作文选》，每年刊登几篇小学生的优秀作文，投稿学生众多但是版面却有限，所以上稿也不容易。当时萱萱妈妈通过朋友认识了我，拿了一些萱萱写的作文，请我帮着参谋一下，应该投什么样的稿子。我在一众写得华丽大气的稿件中翻出一篇写布娃娃的。萱萱妈妈有些不以为然，其他稿子字数多的七八百字，少的也有五六百字，三年级的萱萱能写这么多，应该是很出色的，唯有这篇《布娃娃》是一年级时写的，二百字左右，怎么能选这篇呢？

　　我跟萱萱妈妈解释了，这篇虽短小，但是有其童真语言；

其他的虽然字数多，但很明显带有成人灌输色彩，编辑不太喜欢用成人的思想来代替孩子的纯真。后来我才知道，萱萱妈妈确实选了《布娃娃》，但同时还挑了几篇字数多的作文，一起投稿了。结果却被我说中了，《布娃娃》被选中，也因为这个，这位同行说什么也要把孩子送到我这里来，转眼间三年过去了。

我之所以犹豫着没有马上回答，是因为萱萱到了六年级以后，思想上似乎瞬间变得成熟起来，有些同龄孩子还沉迷于嬉笑打闹中呢，她已经谨言慎行有点"小大人"模样了，从不轻易提问题，但只要一张口肯定有针对性。

现在她这么正式地问这个问题，我必然得慎重一点，"你的作文构思布局比较合理，思想上也较同龄学生成熟些，语言有特色，客观地说，超过了小学作文平均水平，有些作文甚至比初中生写得还好一些。"

由于各个中学都有我的学生，所以校园平台上发表的作文也是我经常关注的。有的作文比较规范，也有一部分套路作文，而且常有堆砌词语的现象，创新性的语言很少见。平心而论，从方方面面因素考虑，萱萱能挖掘内心感受、大胆修饰语言，虽然她还没升到中学，但确实不落后于那些平台上的作文。

听到我的评价，萱萱眼睛亮了，这才说出了她的真实想法，"我听班主任说，校园平台有几个中学生被推荐到本市作家协会，要被纳为会员，要当小作家了。既然我写得也不错，老师你能不能推荐我入会？"

嘿，这小女孩可真有心眼儿！想做什么却不直接说，先绕了个圈子把我绕进去，现在是振振有词了，别人都有机会进“作协”，她写得并不差，为什么不能进！

我摇摇头，“没有推荐的意义，也没有这个必要，现在你应该完成的是当堂作文，至于其他事，课后我们再详细说说。”

萱萱失望了，耍起了脾气，先是把作文本一合，趴在桌上准备对抗。后来看我在瞪她，而其他同学也都用奇怪的眼光在看她，她只得翻开本子划拉着，那篇作文她写得极差，还没等我找她细聊，下课时间到了，她噘着嘴“噔噔噔”地跑远了。

事后，萱萱妈妈打来电话，说孩子在家不吃饭，哭了一鼻子，一个劲儿地说作文老师不公平。她又说，听说入市作协并不复杂，在报刊上发表过一定数量的文章、在征文活动中获过奖，再由名师推荐，就有希望入会发证，成为名副其实的小作家。

我自然知道其中原委，小城市的作协是民间团体，本地写作的人也不多，入会的门槛确实比较低。按照相关标准，萱萱肯定能如愿以偿当上小作家。

萱萱妈妈听了，也有些心动了，“既然这样，何不顺水推舟推荐一番，圆了孩子的作家梦，您这位作文老师脸上也有光彩啊！”

家长都这么说了，我只能开诚布公了。

小时候我们对“作家”这个称呼充满了敬意，觉得是一种神圣而遥不可及的高尚职业，都不知将来是否有幸接触到作家，如果能当上作家那可是做梦都不敢想的事。在我儿时的梦想中，当作家似乎最牛，比当总统还要牛气呢！萱萱在作文中多次提及这个梦想，我相信她的想法和我童年时的相似。但是，时代在发展在变化，受网络文学的冲击，如今成为作家的门槛比较低，可入门后的压力却不小。

作为一个小学生，写作也许是件快乐的事，把思路写清楚，把语言修饰一下，就会喜不自胜。可作为一个"作家"，要求其作品在文字表达之外，还要具有一定的思想性。那些申请进作协的初中生思维日趋成熟，正确的三观逐步形成，给予他们"小作家"的称号，对他们来说绝对是一种鼓励。如果能在"开阔视野、追求梦想、培养兴趣、言为心声"的基础上，积累生活素材、抒发内心情感，这对写作是有良好的促进作用的。

而萱萱刚刚有点思想的萌芽，就像小苗刚刚泛出点绿意一样，这时应顺其自然，不该拔苗助长。如果仓促地将她"打造"成"作家"，那么幼小的她将面临难以想象的压力。试想，一众小学生中冷不丁地冒出个"小作家"，无论她写什么作文都会有很多双眼睛在关注，写好了是本分，写得差了点就会让大家议论纷纷。为了维护"小作家"的尊严，萱萱当然会证明自己的实力，可是生活经历就那么多，思想水平就那么高，这"作家"称号可能就成了她沉重的负担了。

如果某一天，她在文章中刻意表现成熟，作文就难免会有斧凿之感。到那时我们大家才会发现，"作家"称号也像包袱，已经背上了，想解下来不情愿，继续背下去会越来越沉，这反而会使她离作家梦想的实现越来越远了。

我对萱萱妈妈说："把我这番话转达给她，她如果想快乐写作，想继续追逐作家梦，就要懂得什么是'厚积薄发'。是不是作家不重要，有没有好作品才重要！既然身边即将有'小作家'出现了，那么我们就用作品说话吧！坚持自己的原创作文，努力写下去。等她到了初中以后，如果她的作文在思想上有所突破，我会给她寻找合适的机会，让她成为名副其实的小作家。"

萱萱的声音从电话里传来，听得出来，她的灰暗情绪已经一扫而空了，"老师，我都听到了。你说的我全懂了！"

"真的懂了吗？那你说说最大的体会是什么？"我很欣慰，准备了一句"孺子可教"作为对萱萱的鼓励。

"我体会到了，我应该脚踏实地，不应该过早地背上"小作家"的包袱。我要用作品来说话！到时候我会拿着优秀作文问那些小作家去，'看看我写的，不比你们差劲吧！'"

我差点气得晕过去，"萱萱，我刚才是这么教你的吗？你……你故意气我的，是吧！"

电话那边，传来了一阵清脆的笑声，天真而无邪！

是亲也不必 "三分向"

门口的屋檐下，去年的燕巢又迎来了主人，过几天可能就会听到小燕的呢喃；窗户开着，清风徐来，教室里很凉爽；学生们在安静地写作文，一切的一切都很和谐，除了心事重重的晓欣。

刚才晓欣一进门，我明显地感觉到她的神色不对，而且没有回到她原来的座位，而是自己找了个靠墙的位置坐下，似乎要远离和她"焦不离孟、孟不离焦"的雯雯。她像是做了什么亏心事，甚至连抬头看人都不敢了。

看她心不在焉的样子，我打算把她叫出去问问情况。可就在这时，有人敲门。同学们下意识地回头一看，门外的人带着怒气，是雯雯的妈妈。她勉强冲我笑笑说："对不起，我能和晓欣谈谈吗？"

我注意到，晓欣的头更低了，身体也有轻微的颤抖，这孩子做错了什么，让家长都找到作文班了！了解的人都知道，她和雯雯可是形影不离的好闺蜜，而且两家还有点亲戚关系，难道她伤害了雯雯？而且看家长的架势，这事还不小呢！

我还注意到，雯雯对母亲冒昧地打断课堂并没有意外，对母亲要找好朋友"谈谈"也没有一点反对的意思，显然母女俩是有默契的。在事实没有弄清楚之前，我不能让晓欣去面对一个怒气冲冲的成年人。于是轻轻敲了敲戒尺，让所有同学继续写作，我走出去笑着说："现在是上课时间，不方便让晓欣出来，有什么事先和我说说吧。"

雯雯妈妈有些失望，一开始说就在外面等，一会又忍不住发起火来，吼了一声："从没见过像晓欣这样不通人情的孩子！太没亲戚味了！太没教养了！"

这话说得太重了！而且她这一嗓子惊动了所有学生，这必然会引起同学对晓欣的猜测和误解。据我所知，晓欣品学兼优，也有正义感，倒是雯雯比较任性。两个人坐在一起的时候，遇到点小摩擦也都是晓欣表现得比较包容。虽然是小事，但也可以折射出性格来。现在，我虽然还没掌握具体情况，但也不能任由家长口无遮拦。

这事关一个女孩子的家教和修养，"今天谁也先别下课，十分钟内完成作文，我们把事情的脉络捋清楚。"一看我动了真格的，学生们不敢超时，加快了速度，陆续交上了作文本。只有晓欣没有完成，低着头抽动着肩膀在那小声啜泣。

我把雯雯家长请进来，让她当众说清楚。

原来，在学校里两个孩子在一个班，晓欣是班长，雯雯是组织委员。但是最近雯雯得罪了几个同学，在昨天的班会上，有同学提出要"罢免"她。老师看提意见的人不少，就让几个班干部发表意见。可想而知，一个班长的意见有多重要，就在这么个关键时刻，晓欣当着全班师生的面，说了一句："我也觉得雯雯不太适合当组织委员。"

这句话如晴空霹雳，雯雯被"罢免"本来就难过，又被朋友伤透了心，回家后就哭得天昏地暗。妈妈一听，也气得要命，说他们对晓欣这么好，像亲闺女一样疼她，好吃好喝的都喂了白眼狼，实在气不过，就来找晓欣算账了。

讲完事情经过，同学们都露出了不可思议的眼神，那眼光中大多是责备。晓欣一直在哭，也不敢抬头看大家。

我请雯雯家长坐下稍歇，又让晓欣把头抬起来，问她事情是这样的吗？她点点头。我又问她为什么这么做，不要怕，大胆说出来。

她犹豫着，也许是读懂了我眼中的信任，终于说了。原来雯雯只是任性，爱耍小脾气，但总体还是开朗可爱的。可是上初中以后，她逐渐变了，变得喜怒无常，不分好坏，有时候关心她和她聊天，她会装作很不在意，用一种轻蔑的态度来说话。当上组织委员以后，她更加急躁，经常带着情绪来工作，还多了一个口头语"关你屁事"。有一次历史课代表发下雯雯作业后，告诉她错得太多了，应该多背背知识点。雯雯却来了句："我愿意错，关你屁事！"当时就差点打起来。晓欣多次劝导，也被骂了几回"关你屁事"！这种事实在太多了，不少同学都被雯雯骂过,大家对她的意见很大,都快群情激愤了,这才提出的"罢免"。在这种情况下老师让晓欣发表意见,她心里百般纠结,但还是说了那句话。

晓欣说完,眼泪又流下来了。我把头转向雯雯,问她,是不是这样的?

雯雯有些不自然了,没有否认,但还是在强调理由:"就算她说的是事实,我也知道自己这段时间有缺点,可是别人怎么说我都能接受,她不应该当众拆我的台啊!我把她当亲姐妹呢!"

"就是,就是!"雯雯的妈妈插嘴道,"有别人说的,没有晓欣说的,她就是不懂事!"

我请她们安静下来。按一部分中国人的常识观念——是亲三分向。遇到事情先要向亲朋好友表达支持的态度,把本应公平的天平或多或少地偏向亲友,这才符合"情理"和"世故",这才是"懂事"和"知道远近"。

一个班长在班会上发表自己的客观看法,这本来是件很正常的事,如果发生在其他同学身上而不是自己的好闺蜜身上,这可能还会上升到"正直无私"的高度,但因为对方是自己亲近的人,同样的事便有了不同的结果。晓欣现在就成了六亲不认的"白眼狼"。

说完这些,我问同学们:"假如晓欣帮雯雯说了好话,那她必然在撒谎,支持'任人唯亲'观念,你们哪一个愿意自己结交的朋友是个自私、狭隘、不分青红皂白的人?"

我又转头问雯雯妈妈:"你愿意让自己的女儿结交一个没有

正义感的人吗？面对雯雯的明显缺点，她的好朋友却置若罔闻，任由她往偏激的路上发展，你希望晓欣这样做吗？"

同学们摇摇头，此时多数人的目光已经透露出了对晓欣的支持，有的还默默地向雯雯妈妈表示着不满。雯雯倒还是比较开明，低头说了一句："老师，对不起。晓欣，对不起。妈，你快回去吧！"

既然雯雯表态了，我又对晓欣说："是亲不必三分向，坚持真理也是没有错的，你不必为这个低下头。但是，我还是希望你以后要多和朋友交流，再多些耐心。人生相遇相知的概率太小了，彼此都珍惜吧！"

雯雯妈妈也不知道想开没有，但脸上却讪讪的，想抽身走出教室。我却叫住了她："请等一下！我希望您以后遇事的时候，冷静一点，尤其是面对孩子的时候，柔和一点。刚才……"我是很想让她为刚才冒昧打断课堂的举动，给晓欣，也给所有同学道歉的。但晓欣却抢着说："老师，你得批作文了！阿姨，我送你出去！"

晓欣给我们打了圆场，也给了雯雯妈妈台阶下。我注意到，雯雯用感激的眼神看了晓欣一眼。我顺势说："雯雯，一个女孩子要注意形象，你那口头语挺有生活气息，要不你现在说几句吧，我们也来欣赏一番。"

雯雯不说话，走过去把晓欣的笔袋和书本都搬回了原座。此时无声胜有声，我想这也是个情商很高的孩子，她自然明白以后该怎么做了。

"拔钉子"与 "契约精神"

雨后的小城一扫往日的炎热，充盈着清新的气息。最先到达作文班的是一个瘦削的男生，一副小眼睛架在万博的鼻梁上，更显得文气。他是这个班最矮的初中生，以至于女生都喜欢和他比身高。

万博也为此苦恼过。可我问了家长后知道他是腊月生日，因为学校扩招才破格入了学，按常理来说，他现在应该是小学六年级。所以我安慰说，他只是比别人小了半年，等到了青春期，他的个头会"蹿"起来的。

为此，那段时间他总是喜欢找我聊天，最爱问的问题是什么时候到青春期啊？

现在，看这神色，不像是聊天来了，像是刚刚生了一场气。

听到我的询问，万博问我："老师，班干部不是品学兼优的榜样吗？为什么有人却很差劲？"

原来，万博指的是班级里的班长，仗着人高马大经常欺负同学。比如说，排队的时候前面同学走慢了，班长会一把推倒同学，连个歉意都没有；再比如说，玩游戏的时候他只能赢，输了就耍赖，还没人敢惹他。

我以为万博挨欺负了，因为长得小的学生会有这方面的隐忧，但是万博借了点"邻居"的光，班长和他住一个小区，经常一起上学，所以从没有把"魔爪"伸向万博。这下，我有点赞赏眼前的这个小家伙了，他是有正义感的，不是因为自己挨欺负而气愤，却是为其他人鸣不平。

我建议他可以找班长谈谈，如果没有效果也可以找老师反映反映。

万博似乎更加义愤填膺了。"和班长说过，换来了一顿骂；和老师说那是'自投罗网'，大家都说班长是老师的外甥，所以才会安排他当班长。"万博还问了我第二个问题："为什么老师不能做到公平？"

这个问题让我为难了，总不能道听途说就去评价某位老师吧。我只能含蓄地表达观点："看过《玄奘》吗？有机会看看这部电影，玄奘向天竺的法师提出一个问题，为什么到了佛家圣地，看到的却是一些僧人的不良行为。法师回答，佛门子弟并不是佛。"

看万博听得似懂非懂，我只好讲得直白一点："为人师表，品行要大于学识，但老师也是凡人，也会有这样那样的缺点。我不能保证你遇到的所有老师都是公平的，但绝大多数是敬业的、有良知和底线的。你有正义感是对的，但不要凭空猜测老师安排亲属当班干部，也不能武断地认为找老师谈谈就会受到不公平待遇。"

眼看着其他学生快到了，我又叮嘱万博，坚持正义更要保护好自己，起码做到不要正面起冲突。我看着这孩子柔弱的样子，并不太担心。因为瘦弱的孩子很少闯祸，他们最知道身体方面的差异。

然而，事实却出乎我的意料。大约一个月以后，有几个学生像发现了新大陆一样，兴冲冲地来对我说："老师，今天万博得迟到了，家长让他写一千字以上的检讨书！"

这件事与万博的班长有关。那段时间学校流行"拔钉子"游戏，一种男孩子课间的首选游戏，无非互相追逐，如果抓住了"钉子"，"钉子"就得背着获胜者走回教室。班长是最高最重的，腿长跑得也快，经常是获胜者，让其他小同学背着，班长还故意往下压，常常累得大家叫苦不迭。但毕竟游戏规则还要遵守，也没人说什么。可就在昨天的体育课上，自由活动时玩起了游戏，班长意外输了。大家都鼓起掌来，连女同学都过来围观了，孩子们思想是单纯的，他们就想看看班长背人是多么好玩。结果班长耍起了赖，说什么也不背。那位拔了"钉子"的同学自然要找他理论，却被班长踢了两脚，又一翻身跳到了同学的背上，逼着他背自己回教室。

也就在这时候，在大家敢怒不敢言的时候，万博出手了，冲上去一把推开班长，把他推了个跟头，人倒没受伤，但比较狼狈，连校服裤子都摔破了。为此，老师通知了万博家长……

那节课都上了大半节了，万博才匆匆赶到，看上去心事重重的，写作文的时候也没精打采的。等把作文收齐了，我说今天给大家讲个典故吧，就是"契约精神"。

契约精神是一种自由、平等、守信、救济的精神。契约精神不是单方面强加或胁迫的霸王条款，而是各方在自由平等基础上的守信精神。一开始大家只是在交易过程中遵循着这种精神，后来逐渐演变到其他方面，比如承担法律责任、追求阶级平等、扶助弱小贫困、保持热心善良等，契约精神成了一种文明的象征。

在美国波士顿"犹太人屠杀纪念碑"上，铭刻着一位名叫马丁·尼莫拉的德国新教牧师留下的短诗：

起初他们来抓共产主义者，

我没有说话，

因为我不是共产主义者；

接着他们来抓犹太人，

我没有说话，

因为我不是犹太人；

后来他们来抓工会成员，

我没有说话，

因为我不是工会成员；

此后，他们来抓天主教徒，

我没有说话，

因为我是新教教徒；

最后，他们奔我而来，

却再也没有人站起来为我说话了。

人生在世，谁都可能遇到危难，谁都可能成为弱者，如果我们在别人获得不公平待遇的时候选择漠视，那么谁能保证自己不会吞下孤立无援的苦果？人心只有向善，才能吸纳更多的阳光，才能让"善良"遍布世界。

"拔钉子"虽然是小孩子的游戏，但游戏也有规则和公平，班长一直在违背"契约精神"，而其他同学一直在遵守着"契约精神"，矛盾就是这么产生的。万博的冲动行为给大家的第一印象就是不理智、多管闲事、自不量力。但又有谁能看到，这位弱小的孩子身上，有着一种难得的善良，有着一种可贵的正义感，这就是青少年的"契约精神"！

教室里传来掌声，我带头为万博鼓掌。万博的眉头已经舒展，他站起来问我："老师，照你这么说，我不用给老师交检讨了，也不用给班长道歉了！"

"不，你还是得道歉！"我郑重地对他说，"无论什么情况下，你都不应该简单粗暴地解决问题，所以，这点你还是要反思的！"

以爱 之名

"刘老师，你快管管我家丽丽吧，要出人命了！都怪我爸我妈呀……"一位女家长在电话中泣不成声，语无伦次。

丽丽从生下来就生活在外公外婆家，父母做点小生意，只有周末才回来看看孩子，想接回家去住两天，但外公外婆说什么不让，理由千奇百怪，又是外面风大，又是来回折腾，总之，孩子不能抱走。

平心而论，丽丽的外公外婆疼爱孩子已经到了极致，甚至超过了"溺爱"的范畴。小学二年级的时候，丽丽来跟我学写作，她也是我第一个用戒尺惩罚的学生，平时戒尺就是个摆设。

那天的事我印象深刻，课间时有学生来告状，说丽丽在外面踢外婆呢。丽丽的外婆我知道，遇到我有说有笑的，总是请我多照顾一下丽丽。别的家长都是送完孩子就走，下课了再来接，只有丽丽的外婆拿着个包守在门外，下课了就递酸奶、塞苹果，放学了赶紧抢过书包，领着丽丽的小手过马路回家。

我到了外面一看，果然在隔壁商店的门口，丽丽正抓着外婆的胳膊，一边推搡，一边用脚踢，嘴里嚷嚷着："就得给我买，不买不行！"

我很惊讶一个女孩能这么放肆，但更让我诧异的是，裤腿上全是脚印子的外婆还在那笑着哄劝。这成何体统，连点起码的尊重都没有吗？我把丽丽叫进屋，用戒尺敲了两下手心，声色俱厉地告诉她，必须给外婆道歉！再有下次，我就不会下手这么轻了！

那件事过后，丽丽在班级里老实多了，作文也有进步。但是，外婆看到我时爱搭不理的，态度冷淡多了。不用说，这老太太不但不感激我教育孩子，反而是怪我打她外孙女了。

有一回丽丽妈妈来交学费，说了孩子不愿意亲近爸妈，对家属长辈没有一点礼貌，在学校经常和同学打架，老师也很不喜欢，除了外公外婆，家里家外连一点人缘都没有。

听她话里话外，对两位老人宠溺孩子的行为颇有微词。但"清官难断家务事"，何况我只是一个作文老师。我只能委婉地说，孩子尽量带在身边教育，隔辈人偏爱孩子，难免过于宠溺了。

而今丽丽已经六年级了，这又是怎么了，还涉及人命了？

事情和"网课"有关。平时丽丽也是手机不离手，据说除了作文班的戒尺还有点余威，在其他补习班她都是边学边玩，英语老师没收过一回，外婆去索要回来，干脆连英语都不补了。

爸妈也意识到这个问题，控制了几回，外公干脆把自己的手机给了丽丽。总之，丽丽是没有手机就闹，一闹就有手机玩。后来基本上作业都是相关软件代劳，三下五除二写完，剩下的时间就是捧着手机乐呵，一直玩到深夜。

前一段时间学校开始上网课，丽丽更是有了充足的借口，手持三部手机，上班级群里打个卡，剩下的时间就是玩手机，有时候老师提问也听不到，更别提听课效果了。有一次甚至在群里说了一句脏话，同学们边笑边说，一定是在玩枪战游戏呢！班主任非常气愤，因此找到了家长。丽丽妈妈都崩溃了，回来后先和两位老人吵了一架，没吵过两个老人，又开始去抢丽丽的手机，说什么也要给她砸了！意外就是在这时候发生的。

丽丽从厨房拿了菜刀，抵在自己手腕上，气吞山河、掷地有声："你敢砸我手机，我就割腕！"

那寒光凛凛的菜刀直接剁碎了丽丽妈妈的锐气，吓得她一下子就瘫软了，外婆更是被吓得心脏病犯了，还就是外公冷静，一边骂丽丽妈妈，一边哄着丽丽，并且承诺手机砸一个外公给买两个，保证有她玩的。

就这样百般哄劝，终于避免了一场"流血事件"。丽丽的妈妈到家就给我打了电话，哭诉了一番，"老师，我就算能抢下菜刀，能给她送医院去，可哪天她再跳了楼，我可怎么活啊！你快给我出个主意吧！我家丽丽，就对你的话还听一点。"

我能出什么主意？丽丽听我的话，不就是因为二年级那戒尺的效果吗？我想说，丽丽六年级就以死相威胁，以后怎么办？这招儿能治家长一辈子！我还想说，这次家长妥协了，就等于投降了，等于放弃了！

可这些话我能说吗？作文老师经历的事再多、理论依据再充分，也不能在人家孩子生命面前"纸上谈兵"吧。只能让家长先冷静下来，又一次提醒她，我曾经建议过把丽丽接回身边，暂时离开两位老人。

丽丽妈妈说，她按我的意思去做了，就领回来一天，老人就犯了病，一个心脏不好，另一个上门来"要"孩子，说外婆离开孩子睡不着觉。后来再去领，说什么也不行了，老的不同意，小的都不看她一眼。

以爱的名义，让孩子紧紧地围绕在自己身边，很多隔辈老人是这样的。他们爱孩子是发自内心的，宁可亏了自己也不会亏了孩子。但他们的教育观念是逊于父母的，父母就算对孩子娇惯也会有分寸有底线，因为他们会随时想着教育孩子的责任，但老人就很少有这样的想法了。同时，有的老人有"老小孩儿心理"，他们更害怕的是暮年的孤独，所以有能带来欢声笑语的孩子在身边，他们会觉得是一种享受。当然，也有一部分老人年轻时条件不太好，曾经亏欠过儿女，如今赶上了相对富足的年代，就想把这种亏欠弥补给孙辈，这也是对孩子有求必应而不加节制地满足他们各种需求的原因。

老人的真诚付出，不要求孩子任何回报，但孩子如果能长伴左右，他们会觉得是一种莫大的安慰。只要孩子在身边，能守得住这份天伦之乐，便是自己没有白白疼爱他们。至于孩子因此对父母疏远，老人通常不太考虑，总认为再远也是年轻父母的亲骨肉，老人替他们看护孩子也是为了减轻他们的负担，所以老人们常常理直气壮地将孩子"攥"在手心。

丽丽就是外公外婆以爱的名义来呵护的孩子，甚至有点被宠坏了。随着感情的加深，两位老人早把丽丽当成了精神慰藉，即便是孩子父母想伸手管教，他们也会来阻止这种"剥夺"行为。为了让孩子更亲近自己，他们纵容了丽丽的所有行为。当孩子父母进行正面管教的时候，他们在背后以各种方式支持丽丽不服从不配合。有了外公外婆撑腰，丽丽更加不愿意回父母家了。可能有人会认为两位老人挺自私的，但在二老的心中，这是一种毫无疑问的"大爱无私"！

老人都这把年纪了，很多想法已经是根深蒂固了，想改变老人的思想不太可行，家长们只能改变自己了。我给丽丽家长提了几条建议。硬要孩子不现实，何不采用迂回策略？想想其他方法，可以找找叔伯等长辈，和丽丽的外公外婆沟通一下。或者结合自身情况，年轻父母工作辛苦，身体也会有不舒服的时候，平时也需要女儿来照顾。健康是大事，让孩子尽孝也是应该的，两位老人总不能不让孩子回来吧。当然，老人心脏不好，这点需要注意，把丽丽接回来之后他们肯定也会难过，凡事做到尽善尽美可能很难，但起码要考虑周全。可以在工作之余，一家人经常在一起聚聚，那时候外公外婆、父亲母亲、丽丽都在一起快快乐乐的，大家不分彼此，也自然就没了这样那样的矛盾。

　　另外，丽丽家长的年纪不算大，刚刚四十岁吧。我建议说："让自己活得轻松些、乐观些，遇事别急躁，当你变得柔和的时候，孩子也乐意亲近你。等孩子想和你交心了，感受到你的温暖了，愿意和你交流了，咱们再谈下一步怎么教育的事。"

　　丽丽的妈妈说，她把这些话都记下来了，明天就开始请几位能说上话的长辈们去帮忙说说。如果把孩子接回来了，也会让她经常去探望外公外婆，不会让二老太寂寞的。但她也表示：对这两位老人还是不放心，真怕他们再闹上门来"抢"孩子，到那时候，又该怎么办呀！

　　能怎么办？涉及老人的事，我又变得慎重起来，"中年人都是上有老下有小的，扮演着承上启下的角色，不能对小的放任，也不能对老的抱怨，改变其他人本就是不容易的事情，但我们一定能改变自己——以爱之名，去改变吧！"

君子动口 不动手

"你们怎么私自串座？"雨哲来到作文班以后，出现了这样的问题。班里的座位有限，给雨哲安排同桌这点小事情，居然遇到了多方面的阻力。

几个和雨哲同校、同班或同年级的学生干脆直接抗议："让我挨着雨哲，我宁可不学了！"这又是为什么，后来有学生告诉我："家长说了，珍惜生命，从远离雨哲开始。"

这太意外了！雨哲长得高大帅气，学习成绩一直是相当不错的，为何让大家如此排斥？后来雨哲在课间时打哭了一个女生，我才忽然醒悟。一直在教育学生注意三观，常说成绩不能代表一切，可我怎么也被分数蒙蔽了？

我叫来雨哲问问，事情不大，原来是男生们在外面丢沙包的时候，这个女生从队伍中间跑过，撞了雨哲，他回手就给了她一下。

"是她先撞我的！"这句话雨哲强调了几遍，一副理直气壮的样子，仿佛受委屈的不是女生，而是他。

要是一年级的小孩子，我自然可以教育他做人要宽容，对待同学要爱护，这么无意识的碰撞也值得当场还击吗？况且对方是一个比你瘦弱很多的小女孩。可是雨哲现在是六年级了，半年以后就是中学生了，我再教这样的道理，是不是有点可笑了。

最后，雨哲还是道了歉，但一脸不情愿，明显不服气，因为他觉得自己没有错。

这件事过后，雨哲和同学间的矛盾时有发生。后排的桌子挤着他了，他想都不想就是一拳；前排的因为回头看他作文，被他打了一巴掌；接着，他的同桌又挨了欺负，也是因为一点鸡毛蒜皮的小事，比如同桌的胳膊肘碰翻了雨哲的笔袋，结果他就动了手。我看到雨哲在用手指甲掐着同桌的手背，一脸挑衅的样子，而同桌就在那忍着，眼泪汪汪的也不敢出声。这下我有点火了，叫起来问他，是不是欺负弱小很有成就感，是不是所有事都要靠武力解决？

雨哲被我训哭了，可还是在强调，是同桌先招惹了他。我给雨哲的妈妈打了电话，请她下班后来一趟。见面后我说明了情况，并表示学生之间发生了摩擦，两个人都可能有问题，即便这件事同桌有欠妥的地方，但是雨哲几次处理问题的方式都是动手解决，这就难以让人接受了。现在我连给他换同桌都成问题了。

雨哲的妈妈很内疚，向我道歉，也向雨哲的同桌道了歉。她也很自责，这些年光顾抓雨哲的学习了，其他方面的教育就忽视了些。雨哲从小就爱动手，开始家长以为是小打小闹，等到六年级以后连续和同学打了几次架，家长才重视起来，但是批评教育的效果都不明显。

尽管家长的态度诚恳，我还是提出了劝退的意见。来作文班不到三个月，前后左右打了个遍，不分男女，一律动手。这样对其他的学生是不公平的，如果他约束不了自己，那我肯定要保护好其他学生的。

雨哲的妈妈眼睛也湿润了，用央求的语气和我商量，再给他一次机会。我请她冷静下来，做个具体分析，雨哲这种爱动手的性格肯定是有原因的，家庭环境、成长环境都会影响他。我让她想想，在雨哲经常接触的人中，有没有一些爱打架的人。

雨哲的妈妈略微思索就想到了，还真有。雨哲的爸妈都在外地做生意，孩子上小学之前是在外婆家长大的。外婆家在农村，雨哲的小舅舅是村里的"名人"，也没读过什么书，一心只爱"习武"。因为没找到师傅，自己便在家做了根九节鞭，只要一喝酒就爱大吼一嗓子，"外甥，拿我的九节鞭来，舅舅给你舞一套！"

雨哲从小就崇拜能把鞭子舞得虎虎生风的舅舅，经常给舅舅倒上酒，然后听舅舅喝多了胡吹，比如一条鞭打翻了村东头的哥仨儿，又是帮朋友打架坐了半年牢……等到后来母亲把孩子领回到了身边时，雨哲最爱做的事，仍然是回外婆家听舅舅讲故事。

哦，要说影响，恐怕这个舅舅对雨哲的影响是不小的。这些快意恩仇的斗殴事件，被舅舅当成"光辉历史"来吹牛了。舅舅那些"胜利"给了幼小的雨哲一种暗示——先下手为强！这好像告诉孩子凡事都要主动进攻。从小受这种影响的男孩子一旦进入了青春期，就会有强烈的控制欲望，希望别人服从自己、尊重自己。一旦愿望得不到满足，就想通过动手来警告别人，自己不容触犯、不容忽视。

这样的孩子，很难与同伴建立良好的人际关系，合作精神差，这对人的个性发展也不利。家长应该以正面教育为主，因为这样的孩子有一种自以是的"侠气"，他们不愿意自己被忽略，也不愿意恃强凌弱，所以雨哲多次强调是别人先招惹了他，那么这就需要循循善诱，启发他去帮助弱者，向有困难的同学伸出援助之手，让他体验到助人的快乐，使之获得被感激和被表扬的愉悦体验。

同时，家长也要创造条件，辅以对比教育，让孩子明白动手打人的错误性，与正面体验形成鲜明的对比，更有利于促使爱动手的孩子自我约束，逐步改正不良行为。

雨哲的妈妈听了，说正面体验她理解了，她也会积极去做，但对比教育她有点不懂，这到底该怎么去创造条件。

"解铃还须系铃人！"我暗示她，"舅舅不是喜欢这个外甥吗，那就看他要不要为外甥的成长做点牺牲了！"

"我懂了！"雨哲的妈妈恍然大悟，"我找他去！让他给孩子讲讲，拿九节鞭打完人后受到的是什么样的惩罚……"

"如果雨哲能保证做到君子动口不动手。那么，这个班级里始终会有他的一个座位！"送她出去的时候，我如是说。

一蓬白发在风中挣扎

亲属介绍了个学生，并且告诉我，云青这个男孩子很要强，有上进心，但是家庭情况不太好，让我从学费上照顾一些。我详细问了问，心里"咯噔"一下。大约五年前，刚上小学的云青就遭遇了不幸，父亲上山摘松果时发生了意外，从十几米高的树上掉下来……

云青的母亲身体也不太好，社区给她安排了一份扫大街的工作，娘俩相依为命，确实挺可怜的。

要是这种情况，我可以不收学费的。见着云青的时候，我看这孩子的校服有点旧，还有缝补过的痕迹，其他同学都是穿破了就换新的，那点钱对他们来说根本就不需考虑，我感觉困难是真实存在的。下课以后，我看云青的作文不错，就单独留下他，委婉地说了，想给他优惠一些。

但让我万没想到的是，云青居然拒绝了，而且态度还很坚决："老师，不用给我优惠，真的不用，我妈挣的钱足够供我补课的！"

当天，我有点尴尬地看着他走了，便给亲属打了个电话。亲属叹息说，他比较了解，云青这孩子过分要强，不想让自己成为被特殊照顾的弱势群体。

我想，既然话僵在这儿了，学费优惠的事只好等见着家长再沟通吧。要强本来是好事，但太要强了，就容易产生虚荣心了。

果然，下周应该是云青来报名交费的时间。上课前，我远远看到一位妇女和他并肩过的马路，但是到了离作文班还有十几米的地方，云青伸手拦住了妇女，就是不想让她靠近作文班。女人掏了钱出来，云青跑进来交给我，一个季度800多块钱，叠得整齐，却只有两张一百元。我说想和他妈妈谈谈，他却有些不自然，说了句妈妈得上班，回避了这个话题。

学了一段时间，云青在课堂上的表现一直不错，但有一天和同学起了冲突。原来有个同学写作文时，提到了某位中学生嫌弃母亲的环卫工人职业，和同学走在路上，途中遇到母亲，竟然装着看不着，连母亲和他打招呼也装听不见。

这篇作文被左右传阅着，有熟知真相的都在那指着云青说写的就是他。云青火了，抢过作文本给撕烂了！

我问了情况，看云青并不否认作文里的情节，我不由得发起火来，瞪着眼睛告诫云青："天下母亲都是辛苦付出的，这和职业没关系！你们从小到大都知道要赞美环卫工人，怎么轮到自己身上就变了呢！努力学习可不应该光表现在成绩上，分数不能证明一切，但人品能！一个人连起码的感恩都不知道，靠那些虚荣心能在社会上立足吗？"

那天，云青噘着嘴下了课，赔了同学作文本，却坚决不肯道歉。显然，他还是认为同学在嘲笑他，而忽视了自己的虚荣心才是症结所在。后来，有和他熟悉的学生告诉我，云青还在作文中美化了母亲，说母亲工作体面、收入较高。

青少年在成长过程中，遇到了云青这样的不幸，很容易产生自卑心理。他们内心缺少安全感，总感觉不踏实，虚荣心的产生源于他们臆想的"补偿作用"。云青在一群条件优越的同学间没有自信，生怕同学瞧不起自己，便会尽量掩盖与别人的差距。就拿家长的职业来说，同学的父母多半是穿着得体，开着大车小车来接孩子，孩子们自然会以此为荣。而云青的母亲长年穿着工作服，干的活儿又是灰尘又是泥土的，云青怕同学见了笑话，竟然装作看不见母亲。但是，表面上的掩盖能克服自卑吗？只有树立正确的三观、自尊自重自爱，才能懂得人生的意义，才能明白真正的追求是什么。

这件事过去之后，经过几次旁敲侧击，云青似乎有所触动。后来在我的坚持下，云青还是让家长来了一次，但他在旁边盯着我们说话，他的妈妈简单地说了几句感谢的话，就被云青催促着离开了，似乎是生怕有同学来围观。

　　半年以后，由于疫情，4月下旬初三学生才复课，云青也能继续来作文班学习了。一天中午，我在路上散步时，看到有个小区门口站着一位环卫工人，她胳膊上戴着"疫情巡查人员"的袖标，这时候没什么人进出，她便倚在门口，拿出了一份煎饼果子，摘下口罩就这么吃了起来。

　　我吃了一惊：云青的妈妈！她年纪不算大，可是已经有了早衰的迹象，额头上已经有了不少皱纹，两眉中间皱得很紧，拿着食物的那只手黝黑粗糙，我在那发呆的工夫，云青的妈妈居然发现了我。虽然戴着口罩，但我的光头形象却成了标志，瞬间她就手足无措了，手中的食物吃也不是，不吃也不是，嘴里结结巴巴地说："刘老师，你看……我这……"

　　有风吹过，吹乱了她的头发，一蓬白发在风中挣扎着。想着一个女人带着孩子的种种不易，我的心里一阵恻然，忙道了声歉，打扰了她吃午饭。我问她为什么不回家吃。原来，她在打扫完街道以后，又兼职了一份巡查小区的活儿，每天多干几个小时，能有十多块钱补助。所以，这个时候她只能在外面吃饭，如果进出的人多，需要监督大家扫健康码时，她连饭都吃不上了。

　　问了下情况，得知她还得在这小区坚守14天，然后便请她继续吃饭，我继续行走。一路上，内心却难以平静。

　　下一个周末，放学后正好中午，我抱着一摞作文本对云青说："今天我要回家批改作文，你顺不顺道，帮老师拿一下？"

　　云青问了路线，稍微绕一点，但也就多走十分钟的路，于是爽快地捧起了作文本。我们俩边走边聊。我看着时间看着路，走到那个小区的时候，我突然提出要歇歇。云青"嗯"了一声，四处望望，眼睛一下子定住了。小区门口，一个没有扫健康码却想出门的老人正冲着云青妈妈大吵大叫。云青妈妈始终耐心地解释着，但那位老人却说了很多难听的话，甚至还想推搡着硬闯。亏得小区出来了几位业主，纷纷批评了老人，老人这才骂骂咧咧回了家。

等大家散后，云青妈妈抹了一把眼泪，刚拿出馅饼还没吃，又有两个人出来，她拉上口罩迎了上去，却绊了一下，几乎跌倒，纸袋里两个馅饼滚了出来。

我拉了云青一把，"歇够了，走吧。"这才发现他已经满眼泪水，把作文本塞到我怀里，他径直冲了过去，把地上的馅饼捡了起来，想吹吹上面的灰，可是太脏了。他叫了声"妈"，又说道："你在这儿等着，我去给你买热乎的。"

云青妈妈看到儿子突然出现，又当众这么叫她，都傻眼了。等儿子跑远了，还愣在当地，脸上表情复杂，说不出是想哭还是想笑。

第二天，我们的作文跟这次"抗疫"有关。在这场考验全民族的"战役"中，有无数可歌可泣的人物和事迹，医生、护士冲在第一线，警察、城管等都把责任担在肩上，还有那些建筑工人、环卫工人、志愿者们，正是他们的付出和努力，才让我们一起共渡难关。他们是这个时代的"逆行者"，这就是我们这周的作文主题。

我扫了一眼云青写的作文，看到了"母亲"的字样，我知道他这篇作文一定会感人肺腑，于是出门来给亲属发了条微信："请你代我转告云青的家长，以前交的学费也可以退还，算是对云青进步的奖励，不光是作文上的进步，更是因为我看到了比成绩更可贵的……"

"以己度人"及"投射效应"

成语"以己度人"的释义为拿自己的心思来衡量或揣度别人。以己度人者常常自认为其出发点是好的，但是拿自己的行为标准来衡量他人本身就欠缺公平，这样会把事情搞砸，甚至会使自己出现严重的心理偏差。对于青少年来说，如果过于依赖自己的主观意识来衡量某人或某事，就可能产生"投射效应"。

"投射效应"是指在认知和对他人形成印象时，以为他人也具备与自己相似的特性，于是便把自己的感情、意志、特性投射到他人身上并强加于人，即"推己度人"的认知障碍。

名词解释不好理解，那举例说明就容易多了。生活中的例子有很多，比如你在室内觉得闷热，就觉得其他人也一定会热，于是不用征求意见就开了空调，完全忽视了别人是不是也热；

学生认为自己的表现一直良好，就觉得老师一定会给个高度的评价，甚至会把一般性的评语也上升为赞扬；有的老师认为某些知识点过于简单明了，根本不用浪费时间去详细讲解，所以匆匆带过，完全忽略了学生有没有听懂；还有，一个心地善良的人会以为别人都是善良的；一个经常算计别人的人就会觉得别人也在算计他；等等。这些都是把自己的主观愿望强加于别人的"投射现象"。

之所以说这些，是因为在作文班发生了一件事。

明娟是个朴实的女生，平时也不和同学攀比吃穿用度，某一天课间她拿出了一个带密码锁的日记本，样式很精致，她把几个知识要点抄在了上面，连翻阅时都带着笑意，看样子爱不释手。

这个日记本引发了前后左右同学的关注。现在的中学生生活条件普遍都不错，通常不会羡慕嫉妒某个同学的新文具，但遇到新款式，她们的好奇心还是免不了的。

好几个同学都想拿过来看看，明娟一概拒绝，把日记本抱得紧紧的，这更勾起了大家的好奇心。趁明娟躲躲闪闪的当儿，左边的女生田田一把将日记本抢过来了，并且得意地把手一扬，"嘿，我抢到了就归我了！"

就这么一扬，坏事了！日记本没抓牢，脱手而飞——"啪"的一声，与一组铁质的档案柜来了个亲密接触，又像折翅的蝴蝶栽倒在地上。

田田知道闯了祸，急忙奔去抓起来，回座向明娟道歉。明娟一看，密码锁被撞歪了，扳正了以后，拨动密码却怎么也打不开了。

我和几个男生正在室外跳大绳，听到了明娟的哭声，走进来才知道事情的原委。田田安慰着明娟，并且很大气地说："别哭了，我给你买个更好的更贵的，赔你！"

明娟还是哭个不停，别的同学也都有些不以为然，嘀嘀咕咕的，认为一本日记本能值几个钱，至于这么没完没了吗？

上课时间到了，我让明娟擦干眼泪，先把作文写完，日记本的事等下课后再协商解决。我当时的想法也和大家一样，认为赔偿一本新的也就是了。事后想想，我也走入了"投射效应"的误区。

明娟一直在小声抽泣，作文根本无法完成。这让旁边的田田也如坐针毡，我看她拿着手机在摆弄，就过去敲了敲桌子。她却苦着脸给我看，原来她发微信找妈妈要钱解决问题。

作文都交上来了，离下课还有十几分钟，田田表示要拿一百块钱出来，这些钱至少能买两本相同档次的日记本吧。明娟的眼泪又涌出来："这不是钱的事！"

田田生气了，跟我打了招呼，到室外给家长打电话去了。我则在教室内问明娟，到底想怎么解决？

原来，这本日记本是明娟收到的生日礼物。她有个住在同一小区的小姐妹，在三年级时得了一种罕见的血液疾病，靠透析维持了半年多，后来病情恶化了，本地的大夫束手无策，只得建议去大城市找专家救治。朋友搬走那天，明娟在楼下送她，看着她被家长搀扶着出了小区，一步三回头，看着明娟哭个不停。那时候明娟刚上四年级，却尝到了生离死别的滋味，她隐隐地意识到朋友这一去恐怕就是永别了，但她还是咬着牙忍着不哭，用含着泪的微笑给朋友打气。

分别以后，明娟在家没少流泪，本以为再也见不着了，没想到上个星期这位朋友突然联系上了明娟。两个人加了微信，知道了她病情好转的消息，只是为了后续治疗，不能再回这座城市了。她还记得明娟的生日，所以给明娟寄来了一本带密码锁的日记本……

刚才觉得明娟小题大做的同学都被感动了，我内心也感到惭愧，当我们绝大多数人把目光放在日记本的价格上时，却忽略了其中包含的情感是金钱买不到的。

"你真是不省心！什么日记本找我要两百块钱！哪有这么贵的本子！"下课铃响了，田田的妈妈出现在门口，显然很不高兴，表面上在训斥女儿，实际上在责备明娟的不依不饶。

我把她们请进来，把明娟的故事复述了一遍。她们不说话了。我说："这样吧，我看日记本大体没坏，田田留下来帮着修修，如果修不上我去找个开锁的师傅看看。"

半小时以后，田田终于发现了密码锁卡进了一粒细小的沙粒，她们两个找了根牙签，一个拿着手机照亮，另一个小心翼翼地将沙粒拨出来。明娟轻轻一按，日记本打开了。

　　看到两个孩子欢呼起来，我想，这段小插曲给所有人都上了一课。我们习惯以自己内心的所想、所见为标准，以此来分析和判断他人，并以为对方也一定是这样的想法和做法。可是，在你眼里小小不起眼的东西，在别人的世界里可能是爱如珍宝。这种一厢情愿的主观想法，就是"投射效应"。

不识钟表的
"优等生"

　　班级里的笑声惊天动地，我用手指敲了敲桌面，虽然还没上课呢，可也别太吵闹了，当心"扰民"。

　　可是同学们的笑声是按不住了，有的边笑边告诉我，嘉林这次考试又遇到了钟表题，他又没写对。

　　果然，人群中唯一没有大笑的就是嘉林，他倒没有表现出太恼火，只是坐在那一脸尴尬，很无奈的样子。在我的印象里，这位六年级的优等生，已经有多次在钟表问题上栽跟头了，可毕竟那是数学的范畴，我这个作文老师也只能惊讶，并不好多过问。是的，是挺奇怪的，听说嘉林做难题挺厉害的，偏偏遇到简单的钟表题就出错，而且还有学生说过，平时在生活中，嘉林也经常认错钟表上的时间。

　　没过多久，嘉林的母亲联系到我，打听他在作文班的表现。同时也透露了隐忧，嘉林最近常把自己关在屋里，一声不响，父母问他什么事，也没个正面回答；有时候带他出去聚餐，嘉林见着长辈也不打招呼，甚至连头都不抬。不管大家怎么说说笑笑，他就是低头不语，这让家长非常担忧，甚至怀疑这是抑郁症前兆。

我安慰她，对待孩子成长要耐心些。嘉林本来也是内向的，最近考试又退步了，难免有些想不开。家长不要轻易上升到心理问题上，但也不能忽视，还是要多温暖他，多沟通。等下节作文课时，我找个机会和嘉林交流一下。

转眼周末又到了，我还没见着嘉林呢，家长已经找上门来，一看孩子没在这儿，嘉林母亲急得要哭出来，数学课旷课了。上了不到半小时课，偷偷溜出去了，数学老师赶紧通知家长，他又没来作文班，能去哪。

我让她别着急，再联系联系他附近的好朋友。也许是心情不好，遇到了谁，聊天聊得忘了上课。

说话工夫，过来两个学生，他们和嘉林同一个数学班，下课了过来学作文。有一个看见我就汇报："老师，嘉林逃课了，遇到讲钟表的问题，他就崩溃了。"另一个补充说明："我刚才看到他了，在对面广场那儿玩呢！"

我让其他老师代管一下，和嘉林母亲奔向广场。在一家宠物商店的门口，我们看到了嘉林蹲在兔子笼前，手里拿着一片菜叶，笑呵呵地逗着小兔子。嘉林母亲冲过去，生气地吼道："你怎么不上数学课？"

嘉林吃了一惊，随即又做出了无所谓的样子："听不懂、不会做，耽误时间。"他又看到了我，"哦，是不是到点了，我得上作文课了！"

他把菜叶扔进笼子，大模大样地走了。嘉林母亲终于忍不住了，"哇"的一声哭出来说："我的儿子怎么变成了这样，他从小就是乖宝宝，说什么听什么，从来不犟嘴！"

嘉林确实是这样，从小被父母安排得妥妥当当。他的母亲是个很有规划的人，按照书本上的指引，让嘉林18个月开始识字，36个月做简单算术，4周岁开始背《千字文》和《唐诗三百首》……一切井然有序。孩子的内心是单纯的，他们会把父母的要求当成光荣而重要的任务来做，因而嘉林非常配合，也一直是母亲的骄傲。在幼儿园的时候，嘉林就和别的孩子不一样，从来不打闹，别人在那嘻嘻哈哈，他搬个小板凳在角落里安安静静读书。上学后他也是老师喜欢的学生，每次考试都是名列前茅，经常受到表扬。

嘉林母亲为了培养孩子，连工作都辞了，在家把孩子的衣食住行安排得非常妥当，只要嘉林听话、努力学习，其他要求，她都尽量满足。

嘉林从小就没有时间观念，因为母亲从来没让他操心过时间问题。到点儿了该干什么他不用管，自然有比时钟还准的"妈妈闹铃"提醒。这"闹铃"一年365日无误差，十几年了都没有出现过问题，所以嘉林到了六年级，也不知道给自己安排一下时间，除了电子表之外，他根本不知道钟表的时针和秒针代表了什么。钟表问题是数学中比较容易的，可一遇到这种题嘉林就犯迷糊，连出了几回笑话，同学们经常拿他这个弱点来取笑，母亲话里话外也透露出不满之意，"内忧外患"让他产生了恐惧感，这次又失利了，他几乎要崩溃了，数学课逃课也是为此。

解决这个问题并不复杂，学会尊重孩子是首要的。现在嘉林对"母亲安排一切"的照顾有着深深的焦虑和不安，也就有了强烈的抵触意识。解决这个问题先要尊重他，让他心平气和，然后再加强沟通、增进理解。至于钟表问题，如果不是计算方面的事，那就是心结作祟。若能打开心结找回自信，那根本就不能算作问题。

回到作文班，我把走廊的时英钟摘下来放到了黑板前。"期末将至，为了备考，本周作文时间要严格限定在45分钟内。"我布置好了题目，用彩色粉笔在时英钟上画了标记，45分钟到了必须交作文。

嘉林认真看了看时间，低头写起来，那节课他用了41分钟，听我说他还有4分钟，他盯着时英钟，似乎在盘算着。

下一节作文课，我又把时间限定为40分钟，这一次我用白色粉笔做了标记，看上去并不明显，但嘉林还是按时交了卷。我告诉他，还有3分半，可以再修改一下。他抬头看了看表，低下头认真检查起来。下课后我说他的作文写得不错。嘉林高兴了，还告诉我，母亲问他喜不喜欢兔子，他说喜欢。母亲就让他自己去选一对来养。他不知道应该挑哪种颜色，想让母亲代买，可母亲说没时间，让他自己做主。

我暗自点头，看来嘉林的母亲还真是在做着改变。

又过了两周，时英钟已经不做记号，限定的时间也根据作文的难度有所改变，但嘉林都没有超时，很显然对于嘉林来说，只要克服了心理障碍，搞清这种钟表问题是易如反掌。

临考试的前一周，我规定了35分钟。看嘉林马上要写到结尾了，我故意说错："同学们抓点紧，还有最后3分钟！"

嘉林举手说："老师，不对，还有7分钟！"

"怎么会？"我知错不改，"明明就剩下3分钟了，同学们你们说对不对？"

那些同学都沉浸在作文中，一时都没能回过神来，嘉林却站起来比画着，"开始时定格在10点15，应该10点50交卷，现在10点45，而是老师打断了我们，又耽误了2分钟，刚才应该剩7分钟！"

同学们反应过来，纷纷称是，纷纷要求我补偿时间。我只好故作明白："是我错了吗？看错时间了？好吧好吧，再给你们7分钟。你们得感谢嘉林同学！"

后来，嘉林的父母特意来了趟作文班，那天，我们交流了很多，还是围绕着要尊重孩子，要给他们自由的空间。他们说最近孩子开朗多了，兔子也让他养得胖胖的，他还因为养兔子交了几个朋友，和同学聊天时也有话题了。再有就是，数学班的老师说，嘉林对钟表问题开窍了。

我心里一动，暗暗想，那位数学老师是不是也得感谢我啊，作文老师把数学问题都给解决了！

天涯何处无知己

五月的春风吹绿了小城。在这个季节里，我经常在傍晚出去散步，沿着河堤行走，有春风拂面，有河水淙淙。河堤紧邻马路，时不时看到一群穿校服的学生骑着自行车匆匆而过，他们说说笑笑，意兴飞扬，连空气中也充盈着青春的味道。

在这条路上这个时间段，与一些在作文班学习过的学生相遇，已是司空见惯的事。这一天一辆自行车停了下来，我遇到了数月未见的馨瑶。她得有两个多月没来作文班了，也没和我提退学的事，不知为何。

听我询问，馨瑶苦笑："老师，别提了，不光是作文班停了，英语班和数学班都停了，现在我提出要转学，家长正在考虑我的意见。您非得问为什么啊，一个新洁就把我折磨疯了！"

新洁是和馨瑶一起来的作文班，两个人是初一的时候分到一个班成为同桌，很快就发展成无话不谈的好闺蜜，在学校形影不离，连校外各科补习班都是同时报名。我还曾开玩笑说，听她俩的名字，就像是亲姐俩。

这友谊的小船怎么说翻就翻了？原来，初二之后，馨瑶因为成绩出众当选学习委员。当班干部本来就忙一些，而新洁对馨瑶的"掌控性"却日益明显起来，两个人在一起怎么说笑打闹都行，一旦馨瑶和其他同学走动得近了，新洁就拉了脸子，在旁边摔书扔本子的。一开始馨瑶还没当回事，以为这是小孩子耍性子，时间长了觉得不对劲了，她几乎没有了个人空间，时刻都在新洁的"监控"之内。某天因为和前排女同学对一张考试卷子，两个人探讨的时间长了些，新洁居然骂了那位女生。

馨瑶这一下忍无可忍，斥责新洁太过分了，自己又不是她的私有物品，凭什么干涉自己？

那天新洁哭着跑出去了。过后，新洁找馨瑶道歉，态度诚恳，这事也就过去了。但没过两天就旧态复发，新洁"盯梢"盯得比先前更紧了，弄得同学也是议论纷纷，说什么的都有。

馨瑶看看四周无人，还是压低了声音告诉我："老师，那些同学胡说的我倒不在意，因为我也有分辨能力，新洁不是那种异常的性取向，感觉她就像是小孩子过家家那个思维阶段——你跟我玩行，你要跟别人玩，我就哭就闹。"

馨瑶这么一解释，我也轻松多了。这两个月新洁倒是坚持来上课了，但经常走神，写作文也跑了几次题。想不到还有这样的一段插曲，更想不到会影响得馨瑶要转学——只为远离她的纠缠。

青春期的孤独感！孤独就像是一艘小船，一个女孩操着独桨在茫茫无际的海上行驶，看不到海的尽头，不知道划向哪里。这时候，突然看到一位和自己同龄、有共同语言的女孩从对面过来，会怎么想怎么做？一定是奋力迎上去，抱团取暖啊！

馨瑶告诉我，新洁从小在舅舅家长大，父母都在国外工作，三年五年才回来一次。人人都会孤独，但新洁这种缺乏安全感的孩子更渴望从别人身上寻找慰藉。一旦找到了可寄托的灵魂，便想长久依赖以此化解孤独。而同伴馨瑶的出色使之有了更多同学的关注，这让新洁重新有了危机感和自卑感，过于依恋导致害怕失去，无法控制情绪后才做出了种种过激行为。从新洁多次给馨瑶道歉的表现来看，她是努力克制过的，但拥有过温暖的人会更加害怕寒冷，就像一个人独自划船还不是最孤独的，等遇上了同伴又远离后那才会倍感绝望。

"永远不要沉溺于情绪。"我对馨瑶说，"新洁控制不了情绪，我会和她沟通一下，但是你也要控制好情绪。"

后来我和新洁交流了几次，还是以旁敲侧击为主，她也有所触动。隐隐感觉到她意识到了自己的问题，只是她需要一个突破口来改变现状。有一次上课之前，我在班级里唉声叹气，表演得有些浮夸，但几个小女生却信以为真了。问我怎么了？

我愁眉苦脸地说："别提了，我的一个铁哥们儿搬到海南岛去了，这以后我找谁喝酒去？"

女孩子们嘻嘻哈哈笑起来，开始嘲笑我，"老师，你就一个朋友啊！""就是就是，老师人缘太差了！"

我把"忧伤"继续下去，抬头问新洁："你看，我都要绝望了她们还笑。你给老师出出主意，这种情况下，我该怎么办？"

"还能怎么办，我看您文章里经常写'自斟自饮'。实在寂寞了，再找一个酒友呗！您不经常和我们吹嘘，说喜欢您的文章的粉丝很多的！"新洁说的这番话，正中我的下怀。

"新洁说得对啊！"我放大了音量，"一个人经历得最多的就是与自己独处，我们要懂得享受这种时光。孤独它并不可怕，可怕的是你不敢面对。当然，我们也想找个伙伴来分享孤独，可是千万不要把全部希望都寄托于他人，更不要过多指望他人给你带来改变。所以，我们不妨多交些朋友，让自己的心胸开阔些。现在我就犯了一个错误，过多地依赖于一个朋友，其实我完全可以交到更多的笔友和粉丝，我们一样有共同话题，正所谓'天涯何处无知己'……"

"老师，你什么意思？"新洁向我提出了抗议，"你这是另有所指，我……我都找馨瑶谈过了，她下周就回来上作文课了，她也不会转学了。你为什么还要针对我……"

"啊！"我有点惊喜了，不过还是装成无辜的样子，"没有针对你呀，我的朋友真的搬到海南岛去了……"

"演技一点都不好！"

这是这帮学生给我的最终评价。

你的诗和远方，
需要父母的苟且

　　与作文班相隔的第三家门面房是一家书法班。书法老师在本城小有名气，我们共同参加了几次文化活动，加之还是邻居，就成了常来常往的朋友。

　　有一天，他很开心地告诉我收了一个"学神"级别的高二学生，数理化经常满分，照这个势头发展下去，极有希望保送名牌大学。高智商的头脑悟性也高，到他这儿学书法，刚刚两个来月就有模有样的，甚至比那些练了四五年的学生写得还好呢！

　　我在空闲的时候也去串了几回门，认识了那位"学神"振铧。小伙子确实有独特之处，我们聊了聊高考作文的相关理念，彼此都有收获。振铧志向高远，目标直指"985"名校，我想这一目标对他来说并不算奢望。振铧年轻气盛，又是同学中的"偶像"人物，有时候难免锋芒毕露，年轻人喜欢张扬一些，也可以理解。但是他对衣着、食物、学习用具等都比较挑剔，经常对同学的毛笔档次、宣纸的质量进行讽刺，甚至还有几次嘲笑同学的手机过时了、自行车没有变速系统等。有的同学反驳过，说中学生不应该太物质了。但振铧却振振有词，"我们学习这么累，不应该用点好的啊！"

这些虚荣和自大心理，确实是他的性格瑕疵。但因为不是我的学生，所以也不能随意管教。振铧提出想让我给他上几节高考作文课，我也在掂量着时间，也打算一旦入了我的门，顺便给他上上"人生课"。

一天中午，我正在门口晒太阳，书法班里跑出来几个学生，都和我熟识，他们神神秘秘地告诉我，书法老师发火了，冲振铧发火了！

原来，振铧的周末时间安排得很满，每天中午都是母亲来送饭。这周母亲因为临时加班，中午急急地给他叫了份外卖。等麻辣面送来后振铧就急了，大吵大闹，说里面加了香菜，妈妈明明知道他不吃香菜的。外卖小哥受不了他的无理取闹，放下快递就走了。振铧又给母亲打电话，让她赶紧来处理这碗面的问题。书法老师听不下去了，严厉地训了振铧几句，但得到的还是那无理的回答："我学习这么累，连碗面都吃不消停吗？"

我在旁边劝了书法老师几句，振铧的手机里传来了一位女士的声音，"儿子，对不起！实在太忙了，老板刚才和妈妈发了火，这才忘了嘱咐不要香菜。这碗面，不吃咱就倒了，妈妈再给你点一碗！"

"我才不去倒掉！"振铧的声调又拔高了，"不行，你现在就过来，这碗面得你倒掉，谁让你点错的！现在就过来，要不然你再点什么来我也不吃！"

书法老师说，他得吃"救心丸"，快要被气死了！我劝他先别吃，等等看，我想看看那位家长真的会来倒这碗面吗？如果她真的会来，那"救心丸"也得给我备一份。

大约半小时后，一位汗流浃背的女士闯了进来，手里提着一袋食物放在桌子上，连声道歉，又提起那碗加了香菜的面要出去倒掉。

我忍不住了，请她等一等。我相信自己那一刻的面孔是带着愤慨的，看着振铧的目光也必然是严厉的，说出的话也一定是激昂的。

"不要把自己的学习成绩当作'丰功伟绩'而向父母无度索要。你学到的知识、增长的智慧，都是为了将来的生活，你才是唯一的受益人。然而，这一切风光哪样离得开父母的付出？他们拼尽了全力帮你站在更高的地方，是为了让你可以追求远方，追求想要的诗意生活。可你有没有想过，你的父母难道就不曾想要诗和远方？"

青春期的少年过分注重成绩，当然，有些家长平时也灌输了一些"除了学习万事不用操心"这样的思想，限制了青少年的格局和视野。他们眼中除了分数再无其他，仿佛有了分数就有了资本，可以炫耀也可以任性。他们可曾想到，父母的努力为了谁？当有些人在白桦林旁吟诗作对的时候，父母却在夜市上熬夜经营小摊位；有些人在大酒店挥金如土的时候，父母正在菜市场讨价还价……

振铧无言以对了，我却没有停下来的意思。"你享受这碗面的时候，母亲在加班；你光彩照人、热情洋溢，可默默供养你的父母，还在辛苦地工作！"

"老师，你别说了。面不倒了，我把香菜挑挑，我吃还不行吗？"振铧终于低下了头，拿过那碗带香菜的麻辣面吃了起来。

我把振铧母亲新点的食品拿起来，放在她的手里，想来她也该吃午饭了。离开书法班的时候，我还在想，像振铧这样的"学神们"正在成长，他们因为成绩好，将来的职业也多数比较理想。那时候他们离开了父母，有了资本去追求诗和远方，他们可千万不要忘记了父母。他们追求着远方，过着岁月静好的生活，可千万不要忘了父母曾替他们负重前行。

真心希望他们在拥抱诗和远方的时候，能带上父母！

要想改变孩子，
先要改变自己

只要蒙蒙和她妈妈一吵架，我的电话准响。蒙蒙的妈妈和我还没见过面，但是电话沟通已然是常态。每次她都是叙述一番蒙蒙的错误，犟嘴、抹口红、追星……每次她都是委曲求全的一方，而且每次都要补充说明："老师你得训训她，蒙蒙把你当偶像，最听你的话，我也信任你，就拜托你了！"

最听我的话？这我可不敢保证，但这个初二的女生把我当偶像，还是有可能。这是因为蒙蒙自小有个作家梦，她可没少读书，崇拜不少大作家。可这座小城市里专职写作的人本来就很少，大作家她可能没机会接触，所以挺愿意上作文课的，也愿意和我交流。

蒙蒙有灵气，写的作文被发表过，在班级里也是小才女。但她也极具个性，向往做风一样的女孩，不受拘束。所以她也时常会做出些"另类"举动，来展示一下"青春的活力"。

比如，她会旷一节不喜欢的课，到操场上和一群男孩子打篮球；她还会和几个要好的女生跑到电影院，抱着薯条消磨半天的时光。

蒙蒙的父母离异，缺了父亲的管束，母亲的说教越来越缺乏力度，也让她的行为有点放肆。在我看来，这些都是在青春期成长中的正常现象，不必大惊小怪，慢慢引导便可以。受家长的嘱托，我也和蒙蒙谈过几次，她还是能理性地看待问题，也能接受意见，并没有过激言论和极端思想。我觉得她的三观还比较端正，个性也在可控之内，这孩子还是可以管教的。

可是，蒙蒙的妈妈却不这么认为，这次的电话里她的声音更加惶恐，"老师，她在房间里挂了满墙的明星照片，那个明星是跳楼自杀的，太不吉利了！"

蒙蒙和我谈过她的偶像，那是一位华语乐坛地位至尊的歌手，也是演技高超的艺术家，虽然斯人已逝，但喜欢他的歌和电影的仍然大有人在。我对蒙蒙的妈妈说，这不存在什么吉利不吉利的。换言之，现在某些追星的女孩都比较疯狂，甚至有为了明星要死要活的，相比之下，蒙蒙喜欢这个逝去的明星，也就看看电影听听歌，应该无大碍。

听我这么一说，蒙蒙的妈妈改了口："其实打电话也不光为了明星照，她烫了头发，班主任在家长群里留言了，虽然没点名，但我就知道在批评她呢！"

"烫头发？"这我倒有点意外。

周末的时候我见着了蒙蒙，果然一脑袋"羊毛卷"。我打趣说："同学们快来看看，蒙蒙这发型多好，再多两个卷就能演'喜羊羊'去了。"

大家就笑起来。有个调皮的还补了一刀："老师，现在也能演，演'美羊羊'正好。"

蒙蒙低着头，但看得出来，她也在笑。放学后，我让她留下来，看她那气定神闲的样子，已经做好了和我"打擂台"的准备。我又不能命令她拉直头发，劝解似乎已经没有效果，要有效果班主任早就劝了。我得找个切入点，让蒙蒙先放下"盾牌"。我翻出了手机里的 QQ 相册，找到了 30 年前我18 岁时的照片，"瞧，萝卜裤、蛤蟆镜、羊毛卷——这是高三的我。"

蒙蒙一下笑出声来："老师，你是'社会人'啊！"

我反问她："烫头发就是社会人，那你现在是什么？"她一下子被我问住了。我却不继续这个话题，给她讲了那个时代的学生受港台歌星的影响，才流行起这身装扮来。加之管理不严格，学校连个正经大门都没有，进进出出的也没人关注，所以我这一身打扮持续了一个月才被校长发现，就差拿剪子追我了，当天下午就让我剪成平头，否则不许来上课。

看她听得津津有味，我才问："你们学校让烫头发啊？"

蒙蒙摸着衣角，"女生烫那种'大波浪卷'不让，这样的'小卷'，不太管。"

"哦，原来在钻校规的空子，那家长也该管管吧！"

听我这么一说，蒙蒙笑了："我妈也这样，她烫的就是'大波浪'。"

那天的谈话就此中止。回过头来，我给蒙蒙的妈妈写了一段话，发到了她的微信上。

家长对孩子的关爱都是真实的。她们不求回报，但求的是以真心换真心，希望自己的爱能换来孩子的言听计从。然而，大家不该忽略，从青春期开始，从孩子有了自我的思想开始，父母在孩子心目中的权威地位就逐渐下滑。特别是在说教的时候，孩子会对照父母的某些习惯来进行自我维护，继而是进一步反攻。所以为人父母的一定要对自己的行为习惯有所约束，不能太随意太散漫。

青春期是每个人都会经历的关键阶段，父母应该用自身的行为来影响孩子，来与孩子共同成长。忙于生意的，要将勤劳与奋斗展现出来；忙于事业的，要将个人追求展现出来；赋闲在家的，要将良好的业余爱好展现出来。当父母保持着勤俭朴实、阳光乐观、努力打拼这样的精神面貌时，不用多说，孩子自然会跟进的。

否则，即便教育的话说得再多，孩子也会拿你的矛去攻你的盾。就像蒙蒙的妈妈，成年人烫头发无可厚非，但经常在孩子面前展示这种不适合孩子模仿的行为，也必然会给孩子造成心理误导。反过来你再要求孩子不能这样不能那样，那孩子肯定不服气，一句"我妈也这样"，足以让说教的一方站不住脚。

我希望蒙蒙的妈妈看些教育方面的书，或者找个相关的家庭教育课堂听听课。她接受了我的意见，打电话说一定会注意言行，还建议我应该在作文课之外，开办个专门辅导家长们的"教育沙龙"。

我想，真要有那样的"教育沙龙"，第一课就是"要想改变孩子，先要改变自己"。

都是
"痘痘"惹的祸

　　一滴水如何才能注入到收拢的花瓣中，一束阳光怎么样才能渗透到紧闭的院落里，一颗心融入另一颗心又需要什么方式呢？

　　景老师是职业高中寝室管理中心的主任，为人友善且直率。一天，她专程来找我，推心置腹地谈了很多。本地的"职高"除了必要的文化课之外，还有服装、建筑、汽车修理、网络管理等多种职业技术课，很多学生是由于中考成绩不理想才上了职高，他们多多少少有些青春期的叛逆问题。有的学习不上劲，得过且过；有的自卑，缺少斗志；有的干脆自暴自弃，整天玩乐；还有的爱慕虚荣，书包里没有课本，全是化妆品……

　　老师们也是尽力去引导，鼓励大家拥有一技之长在社会上更有竞争力，效果肯定有，但毕竟不能保证对谁都有效果。她最近遇到一个行为怪异的女孩乐乐。名字叫"乐乐"，刚来的时候也见她乐过，最近几个月却整日不见笑容。不管是授课老师还是寝室老师都发现了这个问题，大家也找乐乐交流过，但终究没问出什么问题来。直到几天前的晚上，景老师在查寝的时候，发现从乐乐的寝室门玻璃那透过一丝微弱的光亮。按规定，晚上十点以后寝室要全部关灯的，当时已经是十一点半了，大家都应该睡着了，这光亮从何而来？

她在外面咳嗽几声，光线"嗖"一下消失了。她更加疑惑，在原地屏住呼吸，几分钟后，灯光再度亮起。这下她确定了，有人在用手机或手电，这么晚了不睡觉，在干什么？她觉得有必要查个明白，于是轻手轻脚打开房门，一下子就把乐乐抓个现形，她竟然在寝室里照镜子。大半夜的，她把头蒙在被窝里，用手机照着，拿着小镜子在那偷偷地照。第二天，她找乐乐谈话，乐乐只哭不说，后来她才问到了点子上——青春痘！最近乐乐脸上的痘长得特别快特别密，脑门上都排满了，脸颊上和脖子上也有。

"刘老师，我知道告诉她这是青春期正常的生理现象，也知道告诉她少吃油腻辛辣食物，保持面部清洁，不要用手去挤，过一段时间自然减少或消除。但是，我就不知道怎么能让她自信起来。她现在已经不敢抬头见人了，在班里经常拿书挡着脸，吃饭的时候都得等同学走光了，她才到食堂吃点凉的，同寝室的女生数她的痘子长得多，她从来不敢当众照镜子看自己，看到别人梳妆打扮，她都会难过得不得了。我和她谈了几次，她对我也很排斥，只要一提'青春痘'就要崩溃……"

爱美之心，人皆有之。偏偏青春期会给我们上一课，多数青少年都长过痘痘，不过性格、体质、饮食习惯不同，痘痘有多有少罢了。我们是成年人，也叫"过来人"，会轻描淡写地说痘痘以后会消除的。但青少年却是"当事人"，长痘痘是正在发生的事，他们看到的可不是消除，而是一直在长。面对长出来的痘痘，他们又看不到消除的希望，自然而然地预支烦恼，在潜意识里夸大痘痘的危害。

自卑心理就是这么产生的。当痘痘来势汹汹时，其他没有痘痘的人过来安慰，那只能让卑微的心灵更加脆弱。想走进一个人的心，首先得让对方有安全感，水会浸润花瓣，阳光会洒进门窗，人心却需要更温和更轻柔地走进。

我给景老师提供了几条建议，她回去后给我留言，乐乐的授课老师也都支持，马上就着手实施了。学校为乐乐安排了一位心理辅导老师，也是精心挑选的。年轻时这位老师也有不少痘痘，但这位老师很阳光，不但不回避，还拍了不少"抗痘"照片。辅导老师和乐乐分享了这些照片，也讲了很多关于"抗痘战役"的故事，乐乐很快就喜欢上了这位老师。景老师帮乐乐调了寝室，也是六个女孩一间宿舍，也有长痘痘的也有没长的，但这里有一个长痘痘的女孩是班里的组织委员，她性格开朗外向、做事干净利落、待人宽容热情，在她的影响下，乐乐那种由痘痘而产生的自卑感渐渐消失了。

　　大约三个月以后，景老师又来看望我，并且告诉我，乐乐的痘痘稍有缓解，毕竟长得比较多，消退得需要较长的过程，但乐乐的性格开朗多了，她像其他女孩子一样，可以大大方方地照镜子了。

路灯下的
"袖珍男孩"

　　职业高中的景老师讲了一个"路灯下的'袖珍男孩'"的故事。男孩叫兆坤，今年入学读高一，但是，大家都叫他"坤宝宝"。

　　兆坤长得确实有点矮。同班同学有一米八的，最高的一个将近一米九了，平均身高也得有一米七多，而他不到一米五，就是女生也比兆坤高上一头，站在人群里就像个"袖珍男孩"。

　　关于这种情况的学生，我曾接触过一个，但比兆坤的情况稍好些。为此我还问过医生，医学上把低于同龄人平均身高10%的认定为"矮小症"。一般家长都认为身高和遗传有关，所以往往忽略了这个问题。医生告诉我，缺乏生长激素、营养不均衡、缺钙、脑垂体发育不良等原因都可以造成矮小症。我不知道兆坤的具体情况，但据我所知，矮小症对孩子的心理发育影响会更大。我的那位学生相当聪明，但极其内向，而且情绪不稳定，很敏感，同学间随便一个玩笑，都有可能伤害到他。

这位兆坤同学想来也会有这样的心理压力吧。

景老师点头称是。她也查了一些资料，90%以上的矮小症患者都存在自卑、抑郁等不同的心理障碍。兆坤因为实在太矮小了，他出现的地方总是伴着笑声，有的同学倒也不是故意欺负他，但一群高个子看着一个矮个子，有时候下意识地便想逗他几句。这些在正常身高的孩子来看算作善意的玩笑，在兆坤心里就成了暴风雨。体育课他更是不敢上，因为女同学会硬拉着他来打篮球，他若拒绝，就有男同学硬推着他上场，大家像欣赏闹剧一样嘻嘻哈哈，这让他无比煎熬。有一次大家在推搡中踩掉了他的鞋，从里面掉出一只增高鞋垫，兆坤疯了一样冲出了校门，那段时间他不怎么来上课，连吃饭时也不见踪影。

学校的老师和几位寝室管理员特意开了个碰头会，就兆坤的问题进行了交流，大家各自分工，重点关注这个学生。不久后大家发现了一个秘密，兆坤经常在校外滞留，特别是晚上，不吃饭就在校门外的棋摊上观望，几次都超过了允许进寝室的规定时间，多亏有一位特别关心兆坤的男管理员，每次都会出门把他找回来。

棋摊？什么棋？我的心里一动。

景老师告诉我，是象棋。职高门外有个文化长廊，晚上经常有些人在附近健身，也有人聚在路灯下下棋。很上瘾的一伙人，下到很晚了也不走，夏天挨蚊子咬也接着下。

这就是棋瘾！为这个我也被蚊子叮了不少包呢！我觉得，兆坤现在的自卑心理已经很严重，总不去学习会使成绩更落后，长期压抑退缩甚至会导致自我封闭。以后到了社会上，在团队合作和社交能力方面也会明显地落后于他人。

景老师想听听我的意见。有关身高问题的解决方案，还是建议老师联系一下家长，找找专业的医生去咨询一下，要是对症治疗、合理调整膳食，16周岁的男生还有增高的希望；当然同学的态度也很重要，这方面班主任还是要做些工作，让大家给光坤一些温暖；至于心理上的障碍怎么突破我还是要接触一下兆坤。因为从目前我了解的极为有限的情况来看，兆坤的突破口也许就在这象棋上。

好在职高不算太远，周一到周五的晚上我散步时变个方向就到了。连去了三天，看了几盘棋，一时手痒也和别人过了几招，各有胜负。到第四天的时候我遇到了一个小男孩，看那身校服和个头就感觉应该是兆坤了。

只见他在人群里专心致志地观望着，有时候看到一招好棋会紧张得直攥拳头，有时候看到一手臭棋会遗憾得"哎呀"一声。看下棋的爱支招，而且爱给强势的一方支招，这样赢得容易些，自己也能沾点成就感。而兆坤那天却给落了下风的那位支了两招，两次起死回生，最终反败为胜。气得输棋的大爷把棋摔得"啪啪"的，嘟囔着这是哪个学校的小学生，不懂观棋不语吗？旁边的人就笑他输不起了，和一个小学生也较上劲了。还有的说可别小瞧这小学生，常下棋的大人都输给过他！

于是，大家就怂恿兆坤来下一盘。刚走了十几步，我就看明白了，兆坤的棋力要高于那个大爷。大家啧啧称赞，开口闭口说"小学生"，显然都被兆坤的身高误导了，但我看兆坤丝毫不在意，双眼流露出自信的光芒，在路灯下闪耀。

我把拍下来的照片传给景老师，她确认这就是兆坤。我问了问他们学校有没有棋类比赛等活动。她说每年六月份，会举行一些拔河、跳高、跳远的活动，也有老师参加的项目，比如围棋、乒乓球比赛。

眼看六月要到了，我建议，这次就加一项象棋比赛，而且我推荐兆坤代表学生组和老师组较量一番。我相信他的实力，只要正常发挥，成绩一定不错，而他也很可能因此而提高自信。

后来到了比赛的日子，在景老师的筹备下，职高邀请了我去当裁判。兆坤的学生组五名成员在第一轮就败下了四个，剩下兆坤一个人苦苦撑着，但他最终杀进了决赛。学生和老师比赛，这本身就容易引起大家的关注，学生们自然会认为老师是强势的一方，所以他们更盼望着自己这一方的能出奇制胜。那两天不管懂不懂象棋的，都来到现场观战，所有的目光都聚焦在矮小的兆坤身上，使得比赛气氛高度紧张。每到我宣布兆坤胜一场时，全场会"轰"地一下爆发欢呼声。等到兆坤进了决赛那天，男生们跑下来把他抬了起来，抛上抛下，女生们则激动得直流眼泪，连兆坤的班主任也热泪盈眶的。

由于上课的原因，决赛那天我推掉了裁判任务。景老师向我道了感谢，她觉得决赛无论是输是赢，兆坤都已经找到了自信，希望他能成长为一个"小个子巨人"！

我恳切地说，该感谢的，还有职高那么多关爱学生的好老师！我的这句话发自内心，并非客套。

尊老
也得爱幼

　　蕾蕾在初一时还是拔尖的学生，到了初二却急转直下，有几回考试都不理想。打电话询问家长，蕾蕾妈妈告诉我说，最近家里遇到点事儿，也影响了蕾蕾的情绪，希望作文老师多关注一下，帮助调整调整。

　　等蕾蕾再交作文的时候，我发现了其中的异样。她写道："巴掌打到我脸上的时候，我看着窗户，就想跳下去……"

　　我吃了一惊，但还是若无其事地笑道："蕾蕾，你这作文太吓人了，老师也不敢批啊！我小时候挨的揍可多了，从小到大谁没挨过打呢！"

　　有些事情，越是捂着盖子越容易被放大，这么化繁就简地揭开盖子，大家反而都不太当回事。听我这么一说，其他同学便跟着起哄，有的说大腿都被掐紫了，有的说一次没考好就被打了，还有的问我当年是怎么挨的揍。教室里经过这一番讨论，蕾蕾有点不好意思了，笑着说："作文给我，我改改吧。"

放学后我留下了她，等教室内只有我们两个人了，才把作文递给她，作文中体现真实的想法不是不可以的，成长过程中有过激思想并不算稀奇，但是我们起码得知道原因，也得知道这样做值不值。我问她："挨打了？"

蕾蕾的眼泪就止不住了。

初中以前，她一直是和父母在一起生活，一家三口也是其乐融融。初中以后，乡下的祖母身体不好，便来到他们家养老。祖母年纪大了，晚上经常犯病咳嗽，三天两头就得往医院跑，加之又没什么文化，经常无端干涉蕾蕾的自由，还有抽烟、随地吐痰等行为，这让蕾蕾极不适应。

那段时间她提出了给祖母租个房子住的想法，结果让父母骂了一通，"老吾老以及人之老"的道理蕾蕾是明白的，但只限于做阅读题的时候明白，落到现实她还不能全理解，只觉得父母不重视自己的感受，尊老也不能不爱幼啊！

近几个月，祖母长期住院，父母经常在医院陪护，蕾蕾自己在家里，无边的黑夜啊，一个女孩子既孤独又害怕。她的成绩下滑，老师向家长反映了情况，而且还特地提醒家长，蕾蕾最近经常偷着玩手机，玩各种社交软件，学习成绩下降也可能受此影响。而且蕾蕾变得很暴躁，和班里的男同学动了两次手，都是些小摩擦，各有原因，但先动手的却是她。

这下，本来就身心俱疲的父母都要崩溃了，厉声斥问蕾蕾到底怎么回事。蕾蕾在学校挨了训，回家后又挨骂，再也控制不住情绪了。大吼大叫，控诉父母不关心她，只顾得老人而忽略了她，既然都不管她，那自己和什么人往来，考得怎么样，也不关父母的事。

在争吵中，蕾蕾冲着父亲连续开火，几句"你管不着"终于惹恼了父亲，一个大嘴巴就抽在了脸上。这才有了这篇作文。

"爸爸动手打你，绝对是他不对！"我先站在蕾蕾这边，博得她的"印象分"，随机话锋一转，"但是我敢肯定，他打完你会后悔得睡不着觉。"

"后悔有什么用，后悔也是打了！"蕾蕾一撇嘴，但言辞中对父亲并没有过多的恨意。

"你爸爸动手这件事，我会和他谈谈，必须得让他给你道歉！"我变得严肃起来，这让蕾蕾有点不安，随即我又改了口气，"祖母身体不好，你不希望她有人照顾吗？"

蕾蕾皱起了眉头，她也不是什么事都不懂的孩子，只是不想受到忽视。老人固然重要，可孩子成长也需要陪伴啊！至少尊老和爱幼都得顾及吧！

我看着这个总是强调自己需要关爱的女生，对这种"不公平"的待遇显得是那么的愤愤不平。不由得联想起和蕾蕾妈妈在电话里的交流，蕾蕾的祖父在世时特别宠孙女，孙女就算做错事也不会受到惩罚，有时候无理取闹反而更能得到老人的关心。

有些孩子的无法无天性格也因此产生。祖父去世后，祖母的身体每况愈下，老年人的意识观念和行为习惯又已经成了固定思维，遇到了追求潮流、热衷新事物的青少年，这种差距使得双方沟通有了很大的障碍。老人家对青少年的一些行为很看不惯，青春期的少年又对老人家的陈旧作风嗤之以鼻。这种情况下，也确实很难唤起孩子们对老人主动的尊重。

我约了蕾蕾的父母谈了一次。照顾老人是首要任务，这点不容讨价还价，但是大家也要尊重一下蕾蕾的意见，有许多事纠缠在一起，这个结好像越系越紧，其实只要换个角度来考虑，便可以回避很多矛盾。我得知蕾蕾还有两个叔叔一个姑姑，虽然工作都比较忙，但侍候老人是长期且繁重的工作，总熬着一个儿子和儿媳妇也实在不行。蕾蕾的爸爸是长兄，理应跟弟弟妹妹做下工作，大家轮流来照顾一下。这段时间蕾蕾的妈妈应该回家陪陪女儿，毕竟一个小女孩面对漫漫长夜也难免害怕。等她情绪平稳了，再让她分担一些给祖母送饭、端茶倒水的事，相信蕾蕾对这种简单小事还是乐于去做的。

还有就是，一个父亲不能动手打女儿。女生对异性的价值判断，往往是从认知父亲开始的。蕾蕾父亲最近性格急躁，吵嚷打骂已经多次出现，这让蕾蕾对异性有了排斥，心里会隐隐认为，所有男生都是这样讨厌的，所以才有了两次和男生动手的事情发生。

蕾蕾的下一篇作文获得了最高分，其中有几句特别感人，"从小到大，我见过他为老人极尽孝心，见过他过分地疼我，见过他把我举得高高的，见过他冲我大发雷霆，见过他摔盘子摔碗，也见过他狠狠地打我，但我还是第一次见到他流泪，他流着泪对我说：'爸爸错了，不该打你。'那一刻，我看到了春暖花开……"

那篇作文的题目就是《我那"尊老爱幼"的父亲》。

爹妈不如
闺蜜亲

同学聚会时，我遇到了高中时的学习委员。她向我抱怨着，养个闺女算是白养了，胳膊肘往外拐，对待同学比对待爹妈都好，为了同学甚至不惜要和爹妈决裂！

我让她慢慢说，原来，她的女儿悦彤从小也是父母眼中的乖孩子，又懂事又听话。但上了初中以后，特别是从初二下半年开始，孩子完全变了样。以前放学回到家，缠着父母说个没完没了，把学校发生的所有事都要复述一遍，现在到家连声都不出，头都不抬就进了自己的房间，"啪"的一声将房门锁上，和她打招呼也爱搭不理。以前一听说父母领着她去聚餐、旅游都乐不可支，像只小鸟一样在各个房间里飞翔，现在可好，去哪都没兴趣，父母的计划做得再精心，也常常换来一句"没意思"，说得更多的是"还不如和同学一起玩"。

我又问"为同学要和爹妈决裂"是怎么回事？

一提起这事，悦彤的妈妈就气不打一处来。原来就在半个月前，悦彤的生日到了，她拒绝了父母提议的和亲友们吃一顿饭，要自行安排生日宴会，便邀请了几位好闺蜜到家里来庆祝。悦彤的父母也感觉到了青春期孩子的叛逆，也想过要适当地引导，不能强拧着来，于是就表示支持，并且为她们提供了相应的服务。

家长在厨房里煎炒烹炸，女儿和伙伴们在卧室内尽情歌唱，有的还跳起了舞。悦彤的父母沉不住气了，楼下的邻居比较难相处，曾经因为楼上的噪音找上门来。悦彤的妈妈就去敲了敲门，笑着说孩子们小点动静，照顾一下楼下的邻居。

那几个女生答应着，可小孩子玩高兴了哪管那些，没几分钟又开始蹦起来。悦彤的妈妈再次提醒的时候，悦彤发火了："一年能过几个生日？一年能吵到楼下几回？我总让着别人，别人不能让让我吗？使劲跳，有本事让楼下的上来找我！"

悦彤把音乐放到最大声，真的开始狂蹦起来。悦彤的妈妈还没来得及反应，楼下的邻居已经开始敲门了。那天的生日可热闹喽，楼下的邻居在门口嚷，悦彤在屋里喊，几个女生跟着推波助澜，引来了一群围观的。悦彤的父母觉得太没面子了，忍不住说了那几个女生几句，埋怨她们不该火上浇油。

悦彤就为这事，领着几个女同学出去吃了，全然不顾父母做好的饭菜、摆好的蛋糕。

我看着悦彤的妈妈又要抹眼泪，急忙安慰她。这件事孩子做得肯定是有错误的，但是总归要理性分析一下，孩子到什么时候对父母都是最亲的，这种叛逆其实是她们的独立意识在作怪。

悦彤的生活从小都是由父母安排的，她的叛逆就是在青春期独立意识出现以后。以前她听话，因为她除了学习之外，什么都不想就能获得幸福感；现在她的知识丰富了，思想深刻了，自身的想法肯定会多了，甚至还可能想着未来将怎么生活。

青少年有了初步的人生计划，才会对父母一成不变的安排有了排斥感。可是未来毕竟还遥远，学业未完成，年龄也没到步入社会的时候，真正按自己的意愿来生活是不现实的，只能用各种方式来挣脱父母的约束，以此来获得一种"自由而独立"的满足感。

在这个阶段，青少年总会感觉父母的束缚实在太多了，而一个中学生也清楚无法摆脱在经济上和生活上对父母的依赖，在这种矛盾交叉下，他们会将自己感情的一部分从父母那里转向同学和朋友，友情便成为孩子们进入青春期后新的情感寄托。他们会和同学们走得很近，也是因为某些独立的思想能获得认可，能产生共鸣，绝不是和父母疏远了。

我对悦彤的妈妈说："要一分为二地看问题，其实这也是好的开端。在几年以后，孩子就会走出家门，展翅高飞了。她现在有了独立意识，也有了初步的社交能力，未来的职场更注重团队配合，人与人相处之道更是门学问，从这个角度来说，你们应该为孩子感到高兴。"

听我这么一说，悦彤的妈妈倒是想通了不少，只是她还在为邻居的事耿耿于怀。这种情况可怎么处理啊，楼上楼下住着，真不想让孩子和邻居闹得这么僵！

"你们先跟邻居沟通好，再找个有点特殊意义的日子，比如某个节日、邻居家某人过生日，你们买件礼物放在家里，找个借口出门，留张便条让悦彤代家长送去并祝贺……"

拥有了独立意识的孩子，不是不明事理的，只是太害怕，好不容易冒出点绿芽的思想小花又被父母的思想给碾压了，所以才总是在父母面前表现得很叛逆。让她们自己面对，反而能做得更好，因为每一个有思想的孩子，特别是女孩子，都会注意自己的形象的。

"你们要鼓励悦彤和同学理性地交往，并且给她创造机会来独当一面。哪一天悦彤能独立表达观点、独自处理问题时，她的语言逻辑、自信心和勇气都会得到提升。到那时，她就成了你们的骄傲了！"

好像长大
的少年郎

　　俊然的母亲来找我的时候，脸上带着恐惧。我有些意外，难道遇到什么事了吗？

　　原来，俊然把学校的演讲稿丢在客厅中间，还在上面踩了两个脚印。那可是班主任安排俊然要代表班级参加主持人金牌竞赛的演讲稿。不管是学校还是家长，对这次竞赛都比较重视，可这个向来是老师眼中的好孩子的俊然，竟然做出了这种行为。

　　我也很意外，问她："那你怎么处理的？"

　　她告诉我，刚才下了班，一开门就发现了，当时差点气昏过去。既想冲进俊然房间打他几巴掌，又想跑到自己卧室大哭一场。可后来又觉得必须冷静下来，索性不进门了，直接拐到我的作文班"诉苦"来了。

　　我赞许地点点头："你做得太对了！想想，他不想参加竞赛，那演讲稿扔在哪不行？撕碎了扔垃圾箱里难道不行吗？为什么非得放在客厅中间，还不是让你们一开门就能看见！"

可俊然为什么要这么做？无论在作文班还是在学校里，他的表现一直是不错的呀！

俊然的妈妈告诉我，从小学三年级俊然就学习小主持人课程，经常出去表演，得的奖状和奖牌都挂满了一面墙，他一直是家长引以为傲的孩子。谁知道这次，他从报名时就打了退堂鼓，一点都不积极，还在背地里笑话报名的同学都是提线木偶，后来是班主任硬性安排的任务，他才勉强接了演讲稿。谁想到他还会有这么大情绪。

俊然的妈妈很不理解，一向很听老师话的俊然，哪来这么大的胆子。

"他现在还没有太大的胆子！"我给她倒了杯水，"所以他不敢直接对抗老师，转而先试探一下你们的态度。如果你们处理不好，那他的胆子可就大了！"

"是呀是呀，"她连连点头，"最近我也发现了，这孩子变得特别大胆，经常是家长说西他说东，也不论是非也不讲道理，反正要和你拧着来。那口气狂得很，动不动就嘲笑爹妈的观点，说什么都是他有理！"

其实这就是代沟产生的问题。青春期的孩子的思想始终在前进，改变只在朝夕，而父母的思想仍然固守传统，很可能是一成不变的。孩子接触的人多了，接受的新潮思想多了，父母的某些做法就变得陈旧而老套了。俊然今年八年级，八年级以前父母说什么他都觉得对，可八年级了他会发现父母很多方面都做得不够合理，这种反差会让青少年有种无力的感觉。原来我那么崇敬、那么信服父母，我认为他们无所不能、无所不晓，现在才知道不过如此。有些地方简直太落伍了，还不如我呢，我起码还能跟得上这个时代呢！

就是这样的思想，让青少年觉得自己已经长大了，可以不必事事听从家长或者老师的安排了。这其实是一种貌似长大了的感觉，伴随着青少年的自我表现欲，他们很希望引起别人的注意。

偏偏在这个时期，他们有话不愿意直接吐露，只会做一些反抗、顶撞的行为，以为这种反抗才是挣脱家长束缚、摆脱学校约束的成功象征。

其实，之所以定位为"貌似长大"，是因为他们的生理在快速变化着，思维也在不断更新着，但心理上的成熟速度并没有同步加快。一只脚还停留在孩童的世界里，却急于证明另一只脚已经跨越到成年人的阶段。为了证明这一切，才会出现讽刺同学、冲撞老师、推翻家长言论等种种表现。

在这个阶段，家长一定要注意冷处理，只要不是关乎原则和底线的事，适当地尊重一下孩子的意见。一旦发生了明显冲突，适当缓一缓再解决。学生间那些迫在眉睫的事往往都不很严重，只要冷静一下，很多严重的事也就风轻云淡了，大可不必在风口浪尖上郑重其事地摆事实、讲道理，那样的结果只能带来不必要的烦恼。

就拿这次俊然的做法来说，他明显不想再参加主持人竞赛了。从小到大那么多竞赛都是家长和老师安排的，他从来没有选择权，而现在实在不想再默默承受了，所以才把演讲稿扔在客厅，还踩了两个脚印。这是拒绝的一种方式，现在就看父母怎么接招了。好言相劝极可能被顶回来，斥责打骂很容易引发冲突，把孩子推向更逆反的境地。

"那可怎么办？哄劝也不行，打骂也不行，我们总不能当作看不见吧，事情就在眼皮底下摆着呢！"

俊然的妈妈左右为难了。

我笑了，让她冷静，"就当作看不见……"

俊然的爸爸也下班了，他们两口子按我的意思，先不回家，打电话告诉俊然他们有事，要在外面吃饭。等拖到天很晚了再回家，进门后不开灯，一个吵吵着省点电，另一个拿手机照亮，脱鞋进卧室休息像什么事都不曾发生过。剩下的，交给俊然处理。如果他不处理呢？第二天再说也不迟，只要缓一个晚上，他的心情会改变的。

第二天，俊然的妈妈把结果反馈给我了。第二天早上他们起床时，那几页演讲稿已经不见了。而他们也决定去和班主任谈谈，孩子学习压力大，不想勉强他再去参加主持人竞赛了。最后俊然说，这次接了就要参加的，等结束后他会找老师谈谈的，时间太紧张了，以后不想再参与这样的活动了。俊然的表现让父母觉得，儿子真的长大了！

"望子成龙"
不必"如履薄冰"

琳琳的妈妈被学校特别邀请，去给学生和家长讲一些教育理念。

她比较兴奋，也有点紧张，便来找我帮着看看稿子。我觉得教育方面没有绝对的权威，各家也有各家不同的情况，不如顺其自然，随便说说心得也就成了。主要是后面安排了现场互动，这个可要小心应对，那些家长还能注意分寸，学生们一旦淘气起来，那可是刁钻古怪的各种问题都会问的。

事后，果然像我说的那样。再见我时，她倒了一肚子苦水，学生开始提了一些尖锐的问题，都让她给一一解答出来了，家长们一鼓掌，学生们可就泛起了好胜心，问题越来越离谱，竟然还问道："琳琳在学校说生物老师能力太差，就是照着书本干巴巴地念，导致上一节生物课有一多半睡着的，不知道家长对此有何想法？家长有没有想过要联名提议更换生物老师？"

　　时隔多日，琳琳的妈妈在回忆的时候仍然表情苦涩，当时生物老师就在教室内，整个场面都尴尬得不得了。再看琳琳，一副满不在乎的样子，那表情明显在示威，明显是在告诉大家"就是我说的！"琳琳的妈妈只恨没找个地缝钻进去，自己的女儿怎么能这么做呢？从小就教育她尊师重教，怎么就变成这样了呢！

　　"那是得批评她，老师即便有问题，也不能在学生间公开议论！"我顿了顿，"没发现她对我这样，是不是背后也说我不好来着。"

　　琳琳妈妈忙说："她喜欢数学老师、物理老师，还有作文老师，就是看这个生物老师不顺眼。我能怎么说她，现在回家就摔门，我也不敢惹啊！"

　　原来，琳琳到了七年级以后，开始不满意母亲的安排，把原来的大多数补习班停了，作文班倒是还有兴趣。不补课了，成绩也受了些影响，但退步不算大，所以也理直气壮，母亲一提成绩就反驳。再提几次干脆就不搭理了，回家后把门摔得"咣咣"响，闷头不出来。也不知道是写作业呢还是玩手机呢，只要母亲一开门就会吼一嗓子。

　　要说琳琳的妈妈也是要强的人，琳琳在小学的成绩不错，也一度对她寄予厚望，现在可好了，让青春期的女儿吓得她胆战心惊的。下班回家先得看女儿的脸色，然后再考虑说什么话。

　　琳琳的表现是受青少年的逆反心理影响。当他们拥有了独立意识，并且感受到自主性被忽视、个性发展受到阻碍，家长还像小学那样将他们置于支配从属的地位时，他们会产生反抗意识。

这时候大多数家长都知道要理解要包容，可也要注意分寸问题，如果一味地纵容，那么青少年要求独立的意愿会愈发强烈，在行为上对父母的干涉和控制会加倍排斥。这个阶段他们有了自己的分析和判断力，便不愿接受父母订立的规范和法则，渐渐地对父母的意见不再重视，父母从小树立起来的榜样形象也逐步削弱，他们在孩子心中的形象也就黯然失色了。

所以，当琳琳打算中止补习班的课程时，不妨和她耐心沟通，如果觉得这家补习班的风格不适应，那么让她来自行选择；但是她出现了摔门的行为后，家长特别是父亲就该稍微严厉点，成绩是一回事，对父母起码的尊重是另一回事。

至于琳琳对生物老师的议论，这也是青少年的正常表现。小学时他们非常听老师的话，可以说什么类型的老师都能接受，但初中后便不再一味地接受，心中开始有了高下之分，也就有了喜欢和不喜欢的区别。每个学生都会有最钦佩的老师，因为喜欢而更愿意接受老师传播的知识；同样的，每个学生也可能会有一两位不喜爱的老师，并且在心理上对于不喜欢的老师的各种意见都持抗拒态度，还会因此产生对此学科的消极厌学。持有不同观点很正常，老师的能力有高低之分，魅力有高下之别，但是他们多数是敬业的，你可以不喜欢他们，但你要保持对所有老师的尊重，也要保持最基本的感恩之心。

琳琳的妈妈认可了我的意见，她也觉得小学阶段对琳琳的期望过高，到了中学又想孩子学习这么累，只要成绩还跟得上，其他事都可以放一放。但现在看，不能再放了，两口子一定要商量商量，该好好地教育一下。

"注意掌握好分寸，别太急，慢慢改变吧。"我又叮嘱了她一句，"下周作文课，我也会和琳琳谈谈，有些原则问题还是不能含糊的！"

孩子，你大胆地往前走

提起晓冉这个学生，学生资助中心的老师就叹着气，"挺可怜的"！

资助中心负责给一些贫困生申请助学贷款、提供勤工俭学机会，同时也联系各方人士为贫困生献爱心。后来他联系到了我，说起了晓冉的情况，我立刻同意提供公益课堂。

晓冉的父母都丧失了劳动能力，她有一个姐姐还得了抑郁症。在这种家庭下成长的晓冉心情始终压抑着，从小到大，她始终被包围在"爱心"中，学校给予照顾，免了校服费、书本费；老师奉献着爱心，同时也鼓励班里同学都要帮助晓冉；资助中心给她建立了完整的档案，在宣传活动中拿她做典型，给她争取了更多的机会，但她还是不快乐。

晓冉的妈妈领着她来到作文班，她年纪和我差不多，四十几岁的人头发却全白了。我看看晓冉的身高，让她在前排挑个座位，但她默不作声，低头进了屋，找了最后一排靠墙的角落，拿出了书本。

几堂课下来，晓冉始终没有说过一句话，即便是班里的气氛活跃同学们畅所欲言时，她也仍然闷声不响。为了让她开朗一点，我每节课都点名让她读课文，朗读的时候还是很流利的，口语表达应该没有障碍，有障碍的是她的心理。

我很理解晓冉，也知道长期处于有沉重经济压力的环境中，难免会有自卑心理。特别是在一群条件相对优越的学生中，同龄孩子的消费方式肯定是她不能企及的，这更容易产生不平衡和压迫感。

相比物质贫困，精神上的贫困更能摧毁自信心。自卑是一种消极的自我评价，是自己看不起自己，她就像一只不合群的小鸟，茫然而无助。这些，我能想得到，但我想不到的是，一个人能怯懦和自卑成这种程度。

晓冉来作文班上公益课是严格保密的，所有的学生都不知道。她在校的同学告诉我，晓冉在班级里也是和谁都不说话，一个月也看不到她能笑几回。还有个和晓冉能聊上几句话的同学说，晓冉上学的时候贴着墙走。学生上学都是迎着朝阳的，他们在路上满面春风、有说有笑、连打带闹的，在这群充满着青春气息的同学中间，一个瘦削的女孩子不敢抬头看阳光，也不敢抬头看周围的人，贴着学校的围墙默默地盯着脚尖走路，想想这得有多可怜！

为了保护晓冉的隐私，我没法找学生帮忙了，但我还是想让她先笑起来。——对，先笑起来！人只要会微笑，心窗就会敞开，阳光便会渗透进来。

那段时间我备课更加充分，课堂上的内容也愈加丰富，学生们听得入了迷，课堂互动同学们更加积极踊跃。我尽可能地给晓冉提供互动的机会，她开始犹豫不决，可是我不断地鼓励她，不要怕说错，因为大家都会有失误，正是在失误中不断改进，才能不断前进。后来晓冉说对了几次，我带头为她喝彩，她的胆子变得大了一点。

有一天，我倒出了错，在讲神态描写时，我错把"一脸冰霜"写成了"一脸冰箱"。眼看着学生们指着黑板笑得前仰后合，我看了两回都没有反应过来，还茫然地问大家哪错了？就在这时候，我看见晓冉笑了！——她笑了，笑得自然，笑得灿烂，笑得纯真。

我便叫起了她，让她指出错误。做完修改后，我向同学们道歉，同时自我解嘲地说："你们看，晓冉同学平时难得一笑，等到老师出了丑，她终于笑了！"

这句话说完，我还担心晓冉会不会敏感，但看她还在那儿笑，我的心放下了。从那以后，我找机会就和晓冉聊聊天，她说的话不多，但表情却柔和多了，再不是刚来时那种木讷的样子了。我鼓励她放开胆子写作文，所以那段时间她的进步让我惊讶。这个平时沉默寡言的孩子，内心的世界竟如此丰富，她经常会观察到很多细微的层面，表达观点的角度也和衣食无忧的学生有很大的差异。

在连续得到了三个"优"之后，按作文班的规定，她得到了一本书作为奖励。我和学生们说，这可是本月第一个获得奖励的同学，大家得努力追赶啊！

我看到晓冉眼神中的光亮，那节课她果然斗志昂扬，"唰唰唰"一气呵成，交上作文后让我吃了一惊，她居然写到了接受爱心后的烦恼。在文中她很感激帮助过她的人，但她实在害怕参加各种活动，有些时候别人介绍她的家庭状况时，让她觉得无地自容，但为了缓解家庭的窘迫，她还不得不参加。在作文最后她还提到了我，她希望每个帮助过她的人都能像我这样，给予她公平，来到作文班这半年中，她最大的感受就是公平。

看到作文后我感慨了许久，大家在奉献爱心的时候，却往往忽略了贫困生的自尊心。每一次闪亮在镜头前的捐助，也可能每一次都要重新揭开贫困生的伤疤。

寒假结束前，我拿着一本作文刊物进了班级。"两个月前帮着几个同学投了稿，至于选谁的稿子那是编辑的事，他们可是认稿不认人，一切公平。且看有谁上榜……"

晓冉和另外在三名同学的作品被发表了。我让他们举着刊物，拍了照片发到了微信圈，咱也晒一晒成绩！没想到资助中心的老师很快就打来了电话，她也非常高兴，告诉我真是太巧了，电视台的记者正在采访她们，准备把记者领到我的作文班，一是给晓冉做个宣传，二是也要给我做个宣传。

我很少直截了当地拒绝别人，但那天我做到了："对不起！

不要来我的课堂，不要影响我的学生。请转告记者，谢谢美意，但我这光头形象不适合上镜。"

放下电话，我摸了摸自己的脑袋，看了看晓冉还在那翻着刊物，满眼幸福。下课铃响了，大家陆续出去，我突然叫住了晓冉，对她说："出去拿着刊物在人行道上，昂首挺胸往前走！"

幼吾幼 / 以及人之幼

　　一位家长在给我的来信中写道："关于下一代的教育理念，当今说得最多的一句话，恐怕就是'不能让孩子输在起跑线上'。我多年在外打拼，总想给儿子创造优越的学习和生活条件，蓦然回首才发现，也许他没有输在起跑线上，可能是我输了……"

　　写这封信的家长落款是"如月"，这是她常用的笔名。作为一个经商有道的企业家，她还保留着写诗的习惯，也因为共同的爱好，我们在笔会上相识，对于文学对于人生都有很多共识，还因此让她的儿子军军以网课的方式跟我学了两年作文。

　　如月女士的智商和情商都比较高，事业蓬勃向上，她也一直乐观向上，但在这封信里还是透露出了一些负面情绪。后来我回了信，详细地了解一番，原来还算开朗的军军到了高中之后变得异常孤僻，不爱交朋友，也不爱和别人说话。父母都是常年在外经商，感觉到孩子的变化，就尽可能地多回家陪陪他，可仍然经常看到军军消极的样子。有一次学校通知开家长会，军军并没有告诉父母。等到老师打电话来批评家长时，如月才知道怎么回事。后来询问军军怎么回事，可军军却摔门而走，只丢下一句："以前你们也没给我开过家长会，同学都说我是孤儿！""砰"的一声关上门，再加上这句冰凉的话语，让一向踌躇满志的如月女士掉进了冰窖，这才给我来了这封信。

孩子在成长的过程中会遇到很多问题，最信任的父母不在身边的时候，他们会感觉到无助。孤独会造成内向的性格，内向的孩子可能变得自卑，有的会缺乏担当和责任感。这些问题都会在青春期出现，还会出现与父母的陌生感。

很多家长觉得给孩子提供丰富的物质条件，可以弥补一些亲情陪伴的不足，其实这是不对的。物质只能换来短暂的快乐，而成长中的孩子更需要的是精神上的充盈。世上最珍贵的，往往都是金钱买不到的，比如成长，比如亲情，比如关爱。

我分析了情况，建议如月女士抽出更多的时间，积极创造、参与一些亲子活动，通过这些活动来让军军感受到父母的温暖，从而弥补他内心的缺失。这种亲自体验的经历，效果远远比口头表达"爸妈一直很爱你"要好得多。

如月女士又来了一封信，信中说会采纳我的建议，但她又提出，她们本地经商的人比较多，很多孩子都像军军这样缺少父母的陪伴。她在考虑能不能创造机会，让更多的孩子感受到家庭的温暖，也让更多的父母意识到这个世界上有比做生意更重要的事。这使我不由得佩服这位女士的格局了。我们习惯了以自我为中心，遇到事的时候首先想的是"我"该怎么解决，"我家"的孩子该怎么办，而如月女士想的却是"大家"。我不懂得经商，但觉得一位写作者也是需要心胸和格局的，心有多宽、路有多远！

2019年8月，我接到了邀请函，如月女士邀请我去参加"亲情手拉手"活动。很遗憾，由于假期加了课，没能到现场参加，但通过她发来的活动视频，我仍然被深深地震撼了！

这是一场多达上千人参加的大型活动，参与活动的都是父母长年工作在外的家庭；另有100位老师及数百名教练和社会爱心人士也参加了这场活动。

如月女士精心策划的活动都很有针对性。其中"共进午餐"是将家长的双手固定，然后由孩子喂饭，通过这种方式来让孩子们体验到，他们小时候爸爸妈妈就是这么喂他们的，等某一天爸爸妈妈老了，没有力量端起饭碗了，他们该怎么做。

最让人感动的是"携手同行"。蒙上家长的眼睛，让孩子挽着父母越过一段障碍。父母年迈体衰时，视力不好、行动不便，他们的最后希望就是孩子了，做儿女的就该负起照顾父母的责任了。这段路程比较难走，磕磕绊绊的，只要孩子的力量稍微小一点，有的家长就会摔倒。家长被蒙着眼睛，但摔倒的时候，很多人会下意识地问一声，"孩子，你没摔着吧。"一句话，让那些平时对父母冷淡的孩子们泣不成声。

如月女士说，她家的军军哭得最厉害，喂饭的时候哭了，搀着爸妈行走的时候也哭了，在她代表家长做了总结后，军军当众对着她说："妈妈，我爱你！"她的心顿时就化了……

"孩子们，从你们出生之日起，爸爸妈妈便对你们付出了全部的爱。如果你们有记忆，耳畔还能响起爸爸'小乖乖'的轻唤吗？还记得妈妈把熟睡的你们抱在怀里的温暖吗？工作的原因需要异地打拼，可我们从未舍得把你们丢下，你们天真的笑就是爸爸妈妈辛苦却快乐的源动力。

"我们时刻感受着你们的乖巧，你们不会任性，不给爸爸添乱，会给妈妈唱《大头儿子小头爸爸》的歌，会给爸爸妈妈做各种鬼脸消除疲惫。你小小的身影，陪着爸爸妈妈走过了无数寒冷和孤单的日子，我们从内心感谢上天赐予了这么一个可爱的小宝贝，让我们的生命从此有了意义！这一生，我们陪你长大，你陪我们变老，想想这真的是挺美好的。感谢你们来到我们的生命中！爸爸爱你！妈妈爱你！"

我对如月女士表达了崇高的敬意。听她的意思还要再举办这样的活动，我郑重地承诺，即便千山万水，我也要去参加，我要去做个志愿者，为这样的活动奉献一点微薄之力。同时，我也想现场感受一下把爱洒满人间的幸福！

"幼吾幼以及人之幼！"希望全天下承担教育义务的家长和老师们，能播撒更多的爱心种子，让更多的孩子们感受到爱的温暖！

后记

　　《论语》我读了不少次，但我最喜欢的是《子路、曾皙、冉有、公西华侍坐》这一章。因为只有在这一章里，孔夫子不是正襟危坐、正颜厉色的，而是温和的、友善的，十足是一位不像老师的老师！

　　此章讲孔子让学生聊聊志向，让大家随便说说，不要因为老师年纪大一点就有所顾忌。几个学生有敢说的有不敢说的，有出言鲁莽也有谨小慎微的，甚至还有谦虚得近于卑微的，大家的观念各有瑕疵，孔子都没有当面指责或批评，他只是在听，像一位老父亲在倾听孩子们的见解。孩子们的观点固然不够成熟，但慈祥的老父亲始终把微笑挂在脸上，他不需要语重心长地当面指正，他只是以欣赏的态度享受着天伦之乐。我喜欢这样的老师，我也喜欢做这样的老师。

　　在这座小城里，我守着一个小小的作文班，守着一群天真烂漫的孩子，从事着一份喜欢的工作，感受着时光的美好，感受着快乐无忧的生活，感受着人世间至纯至美的真情。我会给学生们提供一个公平而温和的课堂，师生间像朋友一样相处，学生犯错的时候，老师不会斥责，而是和他探讨。使他们在正确观念的指引下明白，我们该做什么不该做什么。老师犯错误时，允许学生们当场指出，大家讨论讨论，如果真是老师错了，我会立即改正。

我们的课堂会发生很多随机性的趣事，使一直被视为最枯燥的写作课常常充满笑声。当学生们精神状态不佳的时候，我会让他们提一个可"清脑醒神"的办法，大多数孩子会提出让我讲一个好玩的故事。

学生们喜欢听故事，不只是因为情节吸引人，更是因为师生间的距离更近了。对于孩子们来说，听故事可以驱逐恐惧，可以增进感情，可以获得温暖。而学生们呢，他们在老师眼前也是孩子，可是如果师生等级观念过强，即便想听老师讲故事，谁又敢开口提出这样的要求呢？

在作文班里常常会有这样的场景，孩子们神情专注地盯着前面一个光头老师在声情并茂地讲故事。作为一个得过数次"最有影响力故事大奖"的创作者来说，这本是我最拿手的，所以我总是在最引人入胜的关键处"卖关子"。

被吊足了胃口的学生们抗议声不断，不讲完坚决不行！那好吧，老师歇歇，你们尽快完成作文，如果让我满意了，下节课找时间接着讲。

学生们的写作速度提升了，写作热情也提高了，作文达标了。有的给我续上茶水，有的往我嘴里塞块糖，有的来央求我，老师，接着讲呗！

接着，心满意足的老师准备接着讲，未开口却听到了教室里的爆笑声，一回头才发现，不知哪个坏小子在黑板上画了个闪闪发亮的"光环"——位置不偏不倚，正好在我的光头正上方……

一个不像老师的老师，在享受课堂、享受阳光、享受快乐。我想，这正是我想要的课堂，也是我喜欢的职业。